좋은 것은
흡수하라

경제 불황과 위기를 넘어 지속 가능한 생존 전략

좋은 것은 흡수하라

김지유 지음

프롤로그

성장을 위한 도전을
두려워하지 마라

저는 인사, 특히 채용 분야에서 15년 이상 경력을 쌓았습니다. 아시아 리전 오피스의 인사 총괄로서 일본을 비롯한 동남아시아, 인도, 베트남 등의 인재 채용과 인사 관리를 담당하며 현장에서 직접 발로 뛰었습니다. 또한 현지가 아니면 접근하기 어려운 인재들을 아시아 지역을 중심으로 발굴하고 그들의 재능을 찾아 지원하는 데 큰 보람을 느낄 수 있었습니다. 한편으로 동료와의 협업으로 일본의 반도체 기술 엔지니어를 국내 대기업에 입사시키고, 그로 인해 해당 기업이 엄청난 성과를 이뤄낸 것을 보면, 지금도 가슴 한구석이 뿌듯합니다. 그러한 경험을 바탕으로 국내 채용뿐만 아니라 크로스보더 채용(이국 간 채용)을 진행할 때마다, 인재들이 새로운 회사에서 어떠한 시너지를 내면서 기여할 지에 대해, 마치 내 일 인양 설레며 잠 못 자고 뒤척이는 날들도 많았습니다.

그런데 갑작스러운 회사의 분리 작업으로 인해 과감하게 퇴사를 결정하게 되었습니다. 이때 우울한 기분에 우연히 찾아간 정신과에서 ADD라는 증상(일상에 지장이 없는 살짝 약한 ADHD로서 관심 있는 일에만 집중하게 되어 업무에 장단점이 공존함)이 있다는 진단을 받게 되고, 이때부터 끝장내기 프로젝트에 돌입하게 되었습니다.

첫 번째 목표로 삼은 프로젝트는 함께 일할 일본 기업 찾아보기였습니다. 아시아 인사 총괄로 일하다 보니 일본에서도 스카우트 제안을 받곤 했었는데, 큰 기업(구글, 라쿠텐, 아마존 등)들로부터였습니다. 사회생활을 늦게 시작해 회사보다는 직무만 보고 이직을 했던 제게, 글로벌 유명 기업에서 제안이 오니 당연히 들뜨기도 했고, 자부심도 쑥쑥 올라갔었습니다. 일본은 한국과 달리 구직자 중심의 채용시장이었던 것을 이미 알고 있었기 때문에, 이런 기업의 제안이 흔한 편이란 것은 알고 있었으나, 그래도 희망과 기대 때문에 일본 기업들을 검색해보기 시작했습니다.

두 번째 프로젝트로는 제가 가진 경험을 토대로 한국 기업과 인재의 일본 진출을 돕는 일입니다. 제가 가진 현장 중심의 생생한 스토리와 채용 경험, 그리고 다양한 아시아 국가들의 인사/노동법/문화 등의 다른 점에 대한 이해와 활용을 강점으로 삼아 발전시키고자 노력했습니다. 그러던 중 일본 기업과 인연이 닿아 일을 함께할 기회가 생겼고, 일본의 스타트업과 소기업들이 훨씬 더 자유롭고 개방적이며, 생존을 넘어 상장해 성공할 수 있다는 걸 알게 되었습니다.

최근 한국의 스타트업이나 대기업, 중견기업이 앞다투어 일본에 진출하기도 하는데, 일본에 대한 이해 부족으로 어려움에 직면한 기업들의 사례를 많이 듣게 됩니다. 저 역시 함께 일하는 회사 중, 일본 진출 시 오픈 마인드로 제 제안사항을 수용하고 맡겨줘서 무난하게 진행되는 기업들이 있는가 하면, 그 반대로 다소의 어려움을 느끼는 기업들이 있습니다. 대개 한국과 일본은 다르지 않을 것이라는 전제하에 시작하였다가, 다른 점들을 발견하면 다시 한국식 기준으로 밀어붙이고 추진하려고 하는 경우입니다. 해당 국가에 대한 이해를 발판으로 시작하면, 시간이 걸리더라도 해결이 되는 편인데, 돈을 조금 더 주고서라도 추진하면 된다는 성급함이 걸림돌이 되는 것 같습니다. 따라서, 이러한 결과들에 대해 안 좋게만 생각해 서로를 더 멀어지게 하는 것 같습니다.

이 외에도 전반적으로 '기업들이 일본에 대한 전략을 잘 세울 수 있도록 돕자'라고 생각해서 시작하게 된 세 번째 프로젝트가 바로 책을 쓰게 된 계기입니다.

처음에 일본 기업에 관한 책을 쓰겠다고 했을 때, 주변에서는 "그런 걸 네가 왜 써?"라는 반응이 많았습니다. 반일 감정으로 인해 조심해야 한다는 말도 들었고, 관련 교수도 아니고 일본 서적을 번역하는 것도 아닌데, 네가 왜 그런 책을 쓰냐는 질문도 받았습니다. 석사 논문의 첫 주제로 한일 FTA를 선정했을 때도 비슷한 반응을 들었고, 결국 논문 주제를 바꾸고 다시 쓰느라 졸업 논문 완성에 시간이 더 걸리기도 했던 게 떠오르기도 했습니다.

하지만 저는 이 책을 준비하면서, 어쩌면 우리가 일본의 몇 년 전, 혹은 잃어버린 30년과 같은 상황을 되풀이하지 않기 위해서는 한발 먼저 경험한 일본의 사례를 보고 대비해야 한다고 생각했습니다. 일본에 진출하고자 하는 한국 기업, 그리고 취업하고자 하는 유학생들, 그리고 자신의 사업을 지속 가능하게 이끌 수 있는 법 등 다각도로 살펴보면서 좋은 사례 및 벤치마킹할 수 있는 힌트를 찾아보고자 노력했습니다.

규모에서는 다소 차이가 나겠지만 책에서 다루는 회사들의 시작은 1인 기업, 혹은 소수로, 현재의 큰 성공을 일군 기업입니다. 이러한 일본 기업들의 성공 사례와 혁신적인 경영 방식을 연구하면서, 큰 깨달음을 얻었습니다. 또한 한국과 일본의 기업 문화를 비교하면서 우리가 배울 점이 많다는 것도 깨달았습니다.

이 책을 집필하는 동안, 하루하루가 새로운 발견이며, 배움의 즐거움을 만끽하는 시간이었습니다. 글을 쓰면서 알면 알수록 매력적인 기업들이 많았습니다. 한국의 지역 소멸 문제를 해결하기 위해 벤치마킹할 수 있는 사례들이나 중소기업이나 스타트업이 상생할 수 있는 경영 및 인사 전략 등에 관한 사례 등등, 책에서 언급한 기업만으로 마무리하기에는 아쉽다는 생각이 들었습니다.

처음에는 우리가 잘 아는 소프트뱅크, 유니클로, 교세라, 유니참, 오므론이나 라이온과 같이 내실 있는 기업, NTT, NEC, 그리고 최근 떠오르는 기업으로 이슈가 된 키엔스나 조조타운, ESC 실천 사회적 기업으로 잘 알려진 릭실, 문화 콘텐츠 기업으로 일본의 문화 경쟁력을 대표하는 슈에이샤, 고단샤, 카도카와, 그리고 지브리 스튜디오 등 더 많은 기업을 조사하였습니다. 욕심 같아서는 이 모든 회사를 다 다뤄보고 싶었습니다. 하지만 어려움을 상대적으로 덜 겪으며 승승장구했던 기업들보다는, 도산의 위기, 사회적 위기 속에서도 신념을 지켜가며, 발상의 전환을 통해 과감한 시도를 했던 기업들 위주로 우선 다루고 싶었습니다.

전통을 지키면서도 그것을 현대적으로 발전시켜 지역 관광업으로 성공한 중소기업 생존사례들, 오래된 가게에 새로운 인사 제도 및 조직 문화를 도입하여 채용의 어려움을 해결할 수 있었던 중소기업의 젊은 사장님들, 후계자가 없는 회사에 전문경영인들이 기업의 존립과 기술 계승을 통해 위기를 극복하는 모습 등, 다양한 사례 역시 저에겐 깊은 인상으로 다가왔습니다.

마을 공장을 물려받은 젊은 여사장은 어떻게 세계적인 기술을 가진 기업으로 성장시킬 수 있었는지, 1인 기업으로 시작해 지금은 재계 서열에 올라갈 만큼 대단한 상장기업을 이룬 대표의 노하우, 일본의 일론 머스크를 자청한 독특한 세계관의 대표가 펼쳐내는 버추얼 리얼리티 기업 등 기회가 된다면 더 다룰 기회가 있다면 좋겠습니다.

여러분은 지금 우리가 직면한 경제 위기에 대해 어떻게 생각하시나요?

일본과 한국의 생존전략은 다소 차이가 있습니다. 일본의 상생 전략을 보며, 서로의 장점을 배우고 협력하여 더 나은 미래를 함께 만들어 나가고자 하는 바람도 간절합니다, 일본의 잃어버린 30년의 과거를 살펴보고 전략을 세워 대처한다면, 우리에게는 잃어버린 과거가 되지 않을 수 있습니다. 예를 들면, 머지않아 한국의 현실이 될 일본의 노동력 부족 현상에 대한 대응 중, 지방 인재의 육성 및 지역에서의 일자리 창출, 채용 브랜딩의 강화, 최적화된 국내외 인재 채용 등을 차용하여 대비하고 실행한다면, 우리는 그러한 어려움을 극복하고 현명하게 대처할 수 있을 것입니다. 기업들의 ESG 전략 역시, 일본의 지방과의 상생 정책, 그리고 누구나 참여할 수 있도록 기회를 오픈하는 등 반면교사 삼아 함께 나아간다면, 우리 모두가 행복하게 살 수 있는 환경을 만들어 나갈 수 있습니다.

이제 우리는 일찍 일어나야만 벌레를 잡을 수 있는 부지런한 새에서 벗어나, 더 높은 하늘을 여유롭게 날며 더 넓은 세계를 볼 수 있는 독수리와 같이 변화해야 합니다. 성장을 위한 도전을 두려워하지 않고 우리끼리의 경쟁이 아닌, 서로를 이해하며 좋은 점은 흡수하고 만들어 함께 성장해 나가길 바라는 마음입니다. 때로는 위로가 되기도 하고, 새로운 도전으로 의욕과 동기가 불타오르게 할 이 책의 내용이, 여러분에게도 작은 도움으로 다가설 수 있기를 기대합니다.

감사합니다.

2025년
김지유

◆ 차례 ◆

프롤로그 — 성장을 위한 도전을 두려워하지 마라 ◆ 4

1장 ◆ 경제 불황과 대위기, 생존전략에서 배워라
최악의 불황을 뚫고 성공을 이룰 수 있는가? ◆ 17
어떻게 위기를 극복하고 생존할 수 있었나? ◆ 28

2장 ◆ 변태하라, 번데기에서 나비가 되는 것처럼
돗판 — 인쇄 명가에서 디지털 반도체 기업으로 ◆ 37
소니 — 뼈를 깎는 구조조정과 엔터로의 대변신 ◆ 50
후지필름 — 변화를 예측하고 자신만의 스토리를 만들라 ◆ 68

3장 ◆ 갑하는 을, 기술력으로 산업을 독점하다
화낙 — 완벽주의와 세밀함으로 시장을 이겨낸 뚝심 ◆ 83
일본제철 — 평범함에 숨겨진 초격차 기술 ◆ 92
신에츠 화학공업 — 소금에서 반도체까지 지속적인 기술 혁신 ◆ 104

4장 ◆ 뉴노멀 전략, 이젠 우리가 기준이다
레조낙 — '협력'이라는 칼로 반도체 제국을 재건 ◆ 115
이토추상사 — 만년 꼴찌의 반란, 상사의 역사를 새로를 쓰다 ◆ 122
다이킨 — 하나의 선행이 수만 가지 이익으로 돌아온다 ◆ 128

5장 ◆ 지역 사회와 기술을 연결한 사회적 가치의 힘

코마츠 제작소 — 시골 마을의 약속, 세계를 재건하다 ◆ 139
니토리 — 파산 직전에서 역전 만루홈런 ◆ 151
아이리스 오야마 — 일상의 불편함을 황금으로, 아이디어 제국 ◆ 164

6장 ◆ 니치마켓으로 확장하라

스노우피크 — 열정으로 쌓은 캠핑 제국, 멈출 줄 아는 용기 ◆ 177
사이제리아 — 물리학자의 초저가 이탈리안 레스토랑, 고수익 비결 ◆ 187
하마노 제작소 — 꿈을 만드는 공장, 기술로 미래를 빚다 ◆ 198

7장 ◆ 불황을 이기는 기업의 생존전략

과거, 현재, 그리고 미래는? ◆ 211
여섯 가지 단계별 생존전략 ◆ 216

에필로그 — 장기 불황과 위기의 길목에서 ◆ 247

1장

경제 불황과 대위기, 생존전략에서 배워라

최악의 불황을 뚫고
성공을 이룰 수 있는가?

　일본은 유독 랭킹, 즉 순위 매기기에 진심인 나라이다. 매년 다양한 랭킹을 발표하는데, 이 중 가장 인기가 높은 건 단연코 '일본 내 부자 순위'이다. 2024년 포브스가 발표한 일본 부자 순위를 살펴보면, 1위는 패스트리테일링, 즉 유니클로 창업주 야나이 타다시(柳井正), 2위는 재일교포로 한국에도 너무나 잘 알려진 소프트뱅크의 창업주 손마사요시(한국명: 손정의), 3위는 키엔스라는 계측기기 회사의 창업주 타키자키 타케미츠(滝崎武光)이다. 4위는 유니참 CEO 다카하라 다카히사(高原豪久), 5위는 공동으로 니토리 창업주 니토리 아키오(似鳥昭雄), 히카리통신 창업주 시게타 야스미츠(重田 康光), 7위는 돈키호테 창업주 야스다 타카오(安田隆夫), 8위는 공동으로 ABC마트 창업주 미키 마사히로(한국명: 강정호), 라쿠텐 그룹의 창업주 미키타니 히로시(三木谷浩史), 오빅크의 창업주 노다 마사히로(野田順弘)가 랭크되었다.

이 리스트를 자세히 들여다보면 흥미로운 두 가지 특징이 눈에 띈다. 무려 두 명이나 한국식 이름을 가지고 있다는 점이다. 한국이 아닌 일본에서, 그것도 차별을 겪을 수 있는 재일교포가 일본에서 막대한 부를 축적할 수 있는 것이 가능한 것인가? 그리고 그 성공 비결이 더더욱 궁금해진다. 그러나, 이 부자 순위에서 더 주목해야 할 공통점이 있다. 바로 상위 10명 중 대부분이, 재벌이나 재벌 2세 같은 소위 말하는 금수저가 아닌, 자수성가한 창업주라는 것이다(4위 유니참 창업주 2세 CEO 제외).

우리는 흔히 금수저, 아니 다이아몬드 수저여야 부자가 될 수 있다고 생각하지만, 일본 부자 10위권 내에는 소위 일본의 재벌가로 알려진 미쓰이, 미쓰비시, 야스다, 스미토모 등과 같은 전통적인 재벌가 이름은 순위에서 찾아볼 수 없다. 사실, 일본에서 부자가 되기 위한 필수조건 중 이러한 부의 대물림이 필요했다면, 재일교포 한국인의 이름은 들어가지도 못했을 것이다. 즉, 일본의 부자는, 부를 갖춘 재벌의 대물림보다는 개인 창업가들에게 부의 기회가 열린 사회라는 점을 분명히 보여준다. 어떻게 이런 독특한 사회구조가 형성되었을까?

이길 수 없다면 친구가 되라

일본 매스컴에서는 '쿠로후네의 습격'이라는 단어가 자주 등장한다. 이는 서양 제국주의에 대한 일본인들의 두려움과 열망을 나타내는 동시에, 자본주의와 개항의 압력을 상징한다.

일본의 근대화에 가장 영향을 많이 끼친 것은, 단연코 이 '쿠로후네(黒船. 미국 페리 제독이 일본 개항을 요구하기 위해 타고 온 검은색의 배)'로 상징되는 서양 열강이라 할 수 있다. 일본의 쇄국 정책에 종지부를 찍고 개항을 요구하는 압력을 상징하는 이 단어는 '일본에 도전적이고 위협적인 해외의 새로운 계획이나 정책, 신제품 등을 일컫는 사전적 의미'로 일본어 사전에 등재되어 있을 정도다.

 메이지 유신 때 이러한 열강의 침략을 막기 위한 수구적인 움직임이 있었다. 이때에는 천황의 지배라는 명목 아래 분열된 막부를 하나로 통일하고자 하는 움직임이 강력하였고, 한국 역시 편입시키자는 정한론도 대두되었던 때였다. 그러나, 칼이 무기의 전부였던 사무라이 문화권인 일본에 있어 서양의 근대화된 무기와 기술(총, 포, 군함 등), 그리고 청의 패배(아편전쟁)는 아주 큰 충격을 주었다.

 일본은 시모노세키 전쟁에서의 패배로, 서구 열강과의 대결에서 승산이 없다고 판단, 아주 빠르게 태세를 전환했다. 승산 없는 전투를 택하기보다는 서양 문물을 적극적으로 받아들여 모조리 흡수하는 전략을 선택한 것이다. 서구 열강과의 외교 및 무역을 적극적으로 추진하면서, 그들의 정치, 군사, 경제, 교육 제도를 모두 도입, 일본의 것으로 만드는 것이 목적이었다.

좋은 것은 흡수하라

　이 시기 전반적인 사상을 지배하는 개념으로, 일본의 사상가 마루야마 마사오의 '좋은 것은 흡수하라(いいこと取り)'가 사상적 토대를 집약해 보여준다. '이길 수 없다면 친구가 되라'에 더해, 모든 것을 흡수하고, 그들을 이길 수 있도록 일본만의 방식으로 발전시키는 사상이 문장에 함축되어 있다. 이러한 사상적 토대는 현재까지도 일본의 경제 구조와 기업들의 생존전략에 깊은 영향을 주고 있다.

　이러한 사상을 대표하는 인물로서, 현재 일본 1만 엔 신권 인물로 화제가 된 시부사와 에이치가 있다. 그는 일본 근대 산업의 아버지로 불리며, 약 500여 개의 기업 설립에 관여, 서양식 '주식회사 시스템' 및 '전문 경영인 시스템'을 도입했다. 이는 마루야마 마사오의 사상과도 일맥상통하는데, 서구의 제도와 문화를 비판 없이 수용하는 것이 아니라, 비판적으로 검토하고 일본화해야 한다고 주장하며, 일본식의 시스템을 근대화에 도입하였다. 이러한 과정을 통해 일본은 서구의 좋은 것은 받아들이되 자국의 상황에 맞게 개선하는 저력을 발휘할 수 있었다.

시부자와 에이치는 《논어와 주판》이라는 책에서 도덕적 가치와 경제적 이익의 조화를 추구하였다. 이는 곧 일본이 서양과 어깨를 나란히 하는 경제 대국으로 성공하기 위한 가이드 라인을 제공하기도 하였다. 그는 벤처캐피털리스트의 시조새라 불릴 정도로, 기업 창업에서 미다스의 손을 지녔던 것으로 유명한데, 미즈호 파이낸셜 그룹, 도쿄 증권 거래소, 도쿄 가스, 제국 호텔, 삿포로 맥주 등이 그의 손에서 탄생하였다.

일본에서는 그를 일본 자본주의의 아버지라고 일컫고 있다. 수많은 회사의 설립에는 참여했으나, 경영은 전문 경영인에게 맡겼다. 충분히 재벌이 될 수 있었던 조건임에도 불구하고 자신과 일가의 주식 소유에 제한을 두었고, 그 부를 자식에게 대물림하지도 않았다.

잊지 못할 화려함, 세계를 사들이다

우리는 단 한 번도 경험하지 못한, 그리고 선진국 대열에 접어든 최근까지 근접할 수도 없는 경험이 일본에 있었다. 1980년대의 일본은 우리와는 비교도 안 될 정도로 풍요롭고 화려했다. 일본 가정의 연평균 소득은 2만 달러에 달했으며, 1989년 일부 연구에서는 일본 노동자의 시간당 임금이 미국 노동자보다 높다는 결과도 있었다. 가계의 순저축률이 평균 15~20%의 수준을 유지하면서, 이는 투자와 소비의 원천이 되었다. 이 시기에 컬러TV, 자동차, 에어컨 등 내구 소비재 보급률도 상당히 높아졌다.

엔화 강세와 저금리, 풍부한 유동성을 바탕으로, 일본 기업들이 본업보다 금융투자로 더 큰 수익을 올리는 경우도 많았다. 이러한 자금력을 바탕으로 일본은 해외 부동산에 투자하는데, 하와이에서는 외국인 소유 상업용 부동산인 호텔, 건물 등의 90%를 일본 기업이 보유할 정도로 투자가 집중되었다. 심지어 캘리포니아, 뉴욕, 로스앤젤레스, 샌프란시스코 등 미국의 상업용 부동산에 143억 달러, 전체 외국인 투자의 40%를 차지할 정도로 투자가 활발했다. 1989년 미쓰비시 부동산이 뉴욕의 랜드마크인 록펠러 센터 지분의 과반을 인수한 것은, 미국인에게는 '경제 침략'이라는 우려와 함께 상당한 충격이었다. 이 또한 일본인에게는 잊지 못할 화려한 영광의 순간이었다.

부동산뿐만이 아니다. 소니는 35억 달러에 컬럼비아 픽처스를 인수했으며, 이는 현재의 소니 엔터테인먼트를 키우는데, 결정적인 역할을 하였다. 일본은 막대한 무역 흑자를 바탕으로 세계 최대 순 채권국으로 부상했다. 대미 무역 흑자는 미국의 무역 적자의 대부분(40% 이상)을 차지하면서 제조업의 쇠퇴를 가속화할 것이라는 위기감을 가져오며, 양국의 주요 마찰 요인이 되었다.

1980년 115억 달러였던 일본의 순 국채자산은 10년 만에 3,830억 달러로 급증하였다. 일본 내 자산의 가치 상승은 해외 투자를 부추기게 되었고, 이는 다시 국내 버블을 키우는 피드백 루프를 형성하였다.

잃어버린 30년의 원인, 버블경제

화려한 일본의 지위 뒤에는 버블경제의 취약성이 내재되어 있었다. 1985년 9월, 미국 주도로 한 '플라자 합의'로 인해, 엔화 가치가 1년 만에 두 배로 폭등하면서 일본의 수

출경쟁력 약화, 경기 침체에 대한 우려가 증폭되었다. 이에 대응하기 위해 일본 정부와 은행은 내수 활성화를 목표로 금리를 대폭 인하했다.

일본 주식 닛케이 평균 주가 및 토지 가격은 1980년대 말에 정점을 찍었다. 저금리 기조는 시중에 막대한 유동성을 공급했고, 기업들은 저렴한 대출을 통해 무분별하게 사업을 확장했다. 이 자금은 부동산과 주식 시장으로 대거 유입되었고, "도쿄를 팔면 미국 전체를 살 수 있다"는 말이 나올 정도였다. 은행들은 특히 부동산 관련 부문에 공격적으로 대출하며 투기를 부추겼고, 경제는 과열 양상을 보였다.

1980년대 말까지 실질 GDP는 연평균 5.5% 성장을 이뤘는데, 자산 버블의 위험성이 커지자 일본 정부는 뒤늦게 대응에 나섰다. 은행이 금리를 1년 사이에 2.6%에서 6%로 대폭 인상하는 정책을 펴자, 자산 가격이 하락하며 닛케이 주식 지수는 60% 폭락, 부동산 가격은 80%까지 하락했다. 이러한 자산 가치의 폭락은 담보 가치의 감소로 이어지면서, 광범위한 부실 채권으로 인한 은행의 위기감은 대출금 회수를 이끌면서, 기업 도산의 급증, 실업률 상승이라는 악순환을 발생시켰다.

이는 일본 경제가 장기 불황의 늪으로 이어지는 결과를 낳았다. 지나친 낙관적 기대감은 '신경제'로 오인될 수 있는 투기적 열풍의 위험성과 시의적절한 대응의 어려움을 보여주는 사례였다. 이러한 문제 인식의 부재는 장기적으로 심각한 결과를 초래했다. '세계를 사들'였던 화려한 이면에, 플라자 합의라는 외부 충격으로 인한 정책 대응의

기간	실질 GDP 성장률 (연평균)	소비자물가 상승률 (CPI, 연평균)	실업률 (연평균 및 최고치)	국가 부채/ GDP 비율 (주요 시점)	1인당 명목 GDP (세계순위 변화)	가계 순자산 상태 (특정 기간)	실질 임금 변화 추이 (특정 기간)
1980년대 (버블 이전)	4.0% 내외	1.4%(후반)	낮음	낮음	세계 2위	상당한 증가 2~3배 이상	상승세
1990년대 (버블 붕괴 및 초기 불황)	1.3%	디플레이션 진입	최고 5.7%	1991년 220%	2위 유지	0.39% 감소	1996년 정점 후 하락
2000년대 (장기 침체)	0.5%	디플레이션 지속	5%대 유지	증가	2위 유지	정체 상태	하락 지속
2010년대 (아베노믹스 이전)	1.0% 미만	디플레이션 지속	34%대	증가	32위 유지	정체후 회복	2013년부터 회복세
2020년대 (아베노믹스 이후 및 최근)	2019~2022: -0.5% 2024년: -0.2%	2023년 CPI 2% 상회 (15개월 연속)	2023년 2%대	2016년 246%	2023년 4위, 2025년 5위 전망	사상 최고치 경신, 2014년 7.1% 증가 2025년 4% 증가	2023년 명목 임금 3.58% 인상 (30년 만에 3%대) 실질 임금은 인플레이션으로 2.9% 하락

일본 '잃어버린 30년' 주요 경제 지표 변화 추이

출처: 일본 통계청

실패가 자산 시장의 과열과 붕괴를 촉발해 장기적인 경제 침체로 이어질 수 밖에 없었다.

'잃어버린 30년'은 다양한 거시경제지표에서 그 침체와 문제를 여실히 드러낸다. GDP 성장률은 0~2%에 머물렀고, 2011년 세계 2위 GDP 국가에서 중국에 밀렸다. 그후에도 2023년에는 독일에 밀려 4위로 하락했으며, 2025년에는 인도에 추월당해 5위가 될 것으로 전망된다.

디플레이션은 일본 경제를 짓누른 가장 심각하고 장기적인 문제였다. 1992년의 1엔 가치는 30년 후인 2021년에 1.06엔의 가치로 거의 동일한 가치를 유지하고 있었다. 물가는 좀처럼 상승하지 않았고, 이는 소비심리 위축과 기업투자 감소라는 악순환으로 이어졌다. 이러한 지속적인 디플레이션과 임금 정체는 단순한 경기 침체를 넘어선 구조적인 수요부족과 소비심리위축을 나타낸다. 인구감소와 고령화로 인한 잠재 성장률 하락과도 맞물려, 통화정책만으로는 해결하기 어려운 복합적인 문제임을 드러냈다.

어떻게 위기를 극복하고 생존할 수 있었나?

일본의 '잃어버린 30년'이라는 장기 불황 속에서도, 일본 기업들은 좋은 것은 흡수하는 사상적 토대를 바탕으로 다양하고 유연한 사회적 구조 아래에서 각자의 생존 전략을 펼쳤다. 그들의 혁신적인 전략과 독특한 경영 철학을 통해 위기를 극복하고 부를 축적할 수 있었다.

구조적 변화, 재벌 해체와 중소기업의 성장

일본에도 재벌은 있었다. 그러나, 제2차 세계대전의 패전으로 큰 변화를 맞이했다. 맥아더 장군의 업적 중 하나로 꼽히는 것은 일본에서 재벌 해체를 단행한 것이었다. 이는 과거 재벌들이 일본의 제국주의를 지원하였기 때문이기도 하지만, 경제를 민주화한다는 명목 아래 그들의 독점을 막으려는 조치였다. 재벌 소유의 주식은 일반인들에게 분배되었고, 재벌 일가는 경영에서 철저히 배제되었다.

이로써 일본에서는 소규모 기업들이 성장할 기회가 생기고, 새로운 자수성가형 기업가들이 등장할 수 있는 토대가 마련되었다. 일본의 사회구조는 미국의 영향이 상당히 컸다. 냉전이 심화하면서 한국 전쟁이 발발, 미국은 전략적으로 일본 경제의 안정을 원했다. 미국의 정책 우선순위가 '경제 민주화'에서 '경제 부흥'으로 전환되면서 재벌 해체는 완벽하게 이뤄지지는 못했다. 다만, 독점 금지법으로 재벌 일족의 산하 대기업군에 대한 수직적인 경제적 영향력은 배제될 수 있었다.

이러한 변화는 새로운 형태의 게이레츠(系列, 계열 및 그룹을 의미)를 구성하도록 지원했지만, 소기업 및 중소기업의 성장 및 상생을 장려하고 중시하는 방향으로 변화해갔다. 게이

레츠는 오너 가족의 지배가 아닌, 상호주식 보유, 임원 겸임, 그리고 주거래 은행 중심의 협력 관계를 특징으로 한다. 재벌 해체 과정에서 독립된 기업 간의 경쟁 활성화는 중소기업 중심의 경제 구조 형성을 이뤄냈다. 당시 일본 전체 기업의 약 50%가 자본금 5천만 엔 미만의 중소기업으로 구성될 정도로 경제력 집중 해소에 일정 부분 반영되었다. 또한 일본 정부는 기업에 관료들을 파견하는 '아마쿠다리(天下リ) 제도(관료들의 전문성을 민간 부문에서 활용하고 정부와 기업 간의 협력을 증진하기 위해 탄생한 제도)'를 통해 이러한 기업 활동을 감독하고 지원하는 중간자 역할을 두기도 하였다.

문화 및 사상적 요인

기업의 위기 극복과 부의 축적에는 문화 및 사상적 요인이 자리하고 있다. 사실 일본은 이전부터 데릴사위와 양자 제도로 혈연보다는 가문을 더 중시했다. 가족이나 개인을 중심으로 하기보다는 국가 및 가업을 중심으로 한 전체주의적인 세계관이 자리 잡고 있었기 때문이다. 이것이 부의 다양성 및 분배라는 사회구조의 유연성을 가져올 수 있었던 것이 아닐까? 따라서, 혈연 중심의 지배에서 더욱 쉽게 벗어날 수 있었다.

앞에서도 언급했듯이, 시부사와 에이이치의 '논어와 주판' 철학은 단기적인 이윤 추구를 넘어 장기적인 관점에서 사회적 책임을 다하고 지속 가능한 성장 부분에 영향을 미쳤다. 마루야마 마사오의 '좋은 것은 흡수하라' 사상은 낯선 외래 문물이나 사상을 배척하는 것이 아닌, '좋은 부분'만을 선별적으로 흡수하고 자국 문화에 맞게 재해석하는 유연하고 실용적인 사고방식으로 비즈니스에서도 강점으로 작용하였다. 일본 자수성가 기업가들의 특징에서도 위기 극복의 문화적 토대를 엿볼 수 있다. '절약가'의 면모를 보이면서도, 빠른 결단과 실행력, 경험에 대한 투자를 아끼지 않음으로써, 근본적인 혁신과 지속적인 가치 창출을 통해 위기를 극복할 수 있었던 중요한 배경이 되지 않았을까?

그동안 혁신적이고 앞서가던 독보적인 기업들이, 기술과 취향, 문화의 변화 등으로 잊히거나 살아남지 못하는 경우들을 여러 차례 목도하였다. 전 세계 핸드폰 점유율 1위였던 노키아, 그리고 특정 기업인들만의 네트워크를 구축했던 블랙베리의 매각과 철수 역시 가히 충격적이었다. 필름 카메라 및 영화 산업의 선두주자였던 코닥 역시 지금은 의류 브랜드의 하나인가 싶을 정도로 잊히고 있다. 그 반대로 카운터 파트너였던 후지필름은 창사 이래 최대 매출을 내면서 건재하다.

한국과 일본의 어프로치는 상당히 달랐다. 야후를 예로 들어보면, 야후 코리아는 혁신적이고 개방적인 기업 문화로 한국에서는 명성을 떨쳤지만, 2012년 돌연 사업 철수를 선언했다. 이 기업의 철수로 네이버와 다음이 급성장할 수 있었던 계기가 되었다. 반면 일본의 야후 재팬은 현재까지도 검색엔진 1위로서 건재하다. 소프트뱅크그룹의 손정의가 1996년 야후와 공동출자를 한 것으로부터 시작, 일본 내 주식을 총인수하였고, 현재는 일본 회사다.

소니가 설립 당시에는 재벌 기업 사이에서 경쟁력을 갖추지 못한 스타트업이었다는 것을 누가 상상이나 할 수 있었을까? 현재는 사업의 다각화 및 우주 산업에까지 진출하는 등 혁신을 이어가며 사랑받는 일류 기업의 자리를 지켜나가고 있다. 일본의 기업들은 변화를 통해 새로운 분야에 도전하고, 작은 시골 지역에서 시작해 전국, 글로벌로 성장하기도 하고, 니치 마켓을 공략하거나 독자 기술에 대한 지속적인 투자로 인해 생존을 넘어서 성공한 기업들도 있다.

이러한 기업들의 노력은 일본이 지속 가능한 발전을 이루는 데 큰 역할을 했다. 외부의 좋은 것을 받아들이고, 이를 자국의 상황에 맞게 개선하여 새로운 가치를 창출했다. 이는 일본의 역사와 사상에서 비롯된 것으로, 현재까지도 유효하다. 일본의 이러한 전략은 우리에게 많은 시사점을 준다. 그들의 성공과 실패를 반면교사로 삼아, 우리도 지속 가능한 발전을 이루기 위한 노력을 해야 할 것이다.

일본의 여정은 끝나지 않았다. 그들은 지금도 미래를 향해 나아가고 있다. 그리고 그들의 이야기는 우리에게도 살아남기 위한 전략의 중요성을 다시 한번 일깨워준다. 우리는 현재 갈림길에 서 있다. 일본처럼 잃어버린 30년을 시작하는 초입일 것인가? 아니면, 그것을 반면교사 삼아 변화에 대한 열린 마음과 적극적인 수용, 그리고 이를 바탕으로 한 혁신을 일으켜 앞으로의 생존을 위한 열쇠로 사용할 수 있을 것인가? 실제 일본 기업들의 전략을 통해, 어떤 식으로 살아남을 것인지 고민해 보고 '좋은 것을 흡수하기' 위한 힌트와 해결책을 탐색해 본다.

2장

변태하라,
번데기에서
나비가 되는 것처럼

돗판
인쇄 명가에서 디지털 반도체 기업으로

"우리가 없었다면 소니도 삼성도 없었을 것이다. 그리고 한국의 지폐에도 우리가 한몫했다고?" 놀랍지만 사실이다. 이 놀라운 이야기는 이름도 이상한 회사, 돗판(凸版)이라는 인쇄 회사에 대한 것이다. 인쇄업은 가장 쇠퇴하는 사업인 줄 알았는데, 돗판은 아마 한국과 일본의 가장 극명한 차이를 명백하게 드러낸 기업 중 한 곳일 것이다. 최초의 금속활자를 개발한 민족으로서, "누가 먼저 개발했는지보다 어떻게 발전시키고 생존에 맞춰 변화할 것인가?"에 대한 깊은 고민과 시사점을 남겨주고 있다.

돗판(凸版)의 기존 사명은 인쇄 방식을 의미하는 '돗판인쇄'였지만, 2023년에 돗판(Toppan)으로 사명을 변경했다. 돗판이란 볼록 튀어나온 면에 잉크를 묻혀 인쇄하는 방식이다. 그런데 그 모체인 인쇄라는 이름을 사명에서 과감히 삭제해버렸다.

최초의 금속활자인 직지심경 역시 금속으로 돗판을 제작하여 인쇄했다. 돗판인쇄의 엘헤이트식 돗판은 '구리를 이용한 인쇄'로 당시 최첨단 방식이었다. 한편, 돗판의 사명이 바뀌었다고 인쇄업을 하지 않는가 싶지만, 여전히 인쇄업은 건재하고 있다. 과연 이 회사는 무엇을 하고 있고, 어떻게 아직 건재하고 있는지 파헤쳐보자.

인쇄, 모든 것에 스며들다

돗판의 시작은 1900년 이탈리아 화가 에두아르도 키오소네로부터 배운 최첨단 인쇄술, 엘헤이트식 돗판법을 전면에 내세운 것이었다. 대장성 인쇄국 출신 기무라 노부요시 등 5명의 일본인 창업자가 설립한 이 회사는 텐구 담배 포장 인쇄로 사업을 시작했다. 기존과는 차원이 다른 정교하고 아름다운 인쇄 기술은 국영 담배 기업과 민간 기업의 찬사를 받으며 돗판을 단숨에 성공의 길로 이끌었다.

돗판의 정밀한 인쇄 기술은 신뢰를 쌓아 주식 인쇄로까지 이어졌고, 1921년 다이쇼 시대부터는 지폐 제작에 쓰이는 오프셋 인쇄를 도입하며 컬러 인쇄의 시대를 열었다. 1938년에는 '아시아 제일의 인쇄 공장'이라 불리는 이타바시 공장을 가동하며 오프셋, 그라비아 인쇄 등 일본 특유의 인쇄 기술을 개발했다.

패전 이후에도 돗판의 기술력은 빛을 발했다. 미국 연합군이 돗판 공장을 방문한 것을 계기로 미 육군 주간 신문 〈YANK〉를 인쇄하게 되었고, 1946년부터는 일본은행 지폐를 인쇄하며 전후 일본 경제 재건에 크게 기여했다. 1960년대 주간지 창간 붐과 함께 돗판은 전성기를 누렸고, 캐나다 기업 무어와 합작 법인을 설립하며 해외 진출을 시작했다. 이 시기에 돗판은 '물과 공기 이외의 모든 것에 인쇄할 수 있다'는 자신감을 기반으로 필름, 튜브, 플라스틱 등 종이 이외의 신소재에도 인쇄 기술을 적용하기 시작했다. 특히 고가의 목재를 대체할 수 있는 나뭇결무늬 라미네이트 장판을 개발하며 비약적인 성장을 이루었다.

인쇄 기술의 무한한 다각화, 디지털과 반도체로

돗판은 인쇄로 정보를 적시에 제대로 전달하는 정보사업(DB/IT)이며, 이를 통해 생활과 산업이 윤택해지는 것이 목표다. 따라서 사업영역을 창조 커뮤니케이션, 정보관리, 생활/산업자재, 기능성 소재, 그리고 전자 디바이스(반도체, 디스플레이)의 5가지 분야로 나누어 전개하고 있다. 기존의 '인쇄'라는 아날로그 이미지에서 디지털 트랜스포메이션(DX)/지속 가능성 전환(SX)으로 디지털 전환을 하며, 기업 대상 비즈니스(B2B)임에도 불구하고 소비자 대상으로 브랜드를 홍보한다.

인쇄의 경우, 소규모 개인사업자나 지자체, 단체들이 손쉽게 홍보 전단, 광고, 캠페인, 쿠폰 등을 디자인하고 직접 인쇄할 수 있도록 하는 디지털 인쇄 서비스 및 플랫폼을 제공하고 여권, 카드 IC, 지폐 등의 위조 방지를 위한 인쇄 등의 최첨단 기술까지 전방위적으로 사업영역을 확대하고 있다.

일본 경제의 주축이 되었던 나뭇결무늬 라미네이트 장판을 기억하는가? 돗판은 전 세계 나무의 단면을 수집하고 있는데, 약 5,000종 이상의 목재 단면이 데이터로 보존되어 있다. 돗판은 특히 나무의 실제 단면에서 아름다운 부분만 쓴다. 그 이유는 단면을 찾기도 어렵지만, 목재 자원 및 비용의 낭비인 것에서 착안, 독특하거나 아름다운 나무 단면을 디지털 인쇄로 구현하여 사용하기 위함이다. 이는 실제 나무보다 내구성이 뛰어나서 오래 쓸 수 있고, 환경도 지킬 수 있다. 또한 고급 호텔의 건축이나 수영장이나 사우나처럼 습기가 많아 실제로 사용되기 어려운 곳에서도 나무 특유의 자연스러운 아름다움을 살릴 수 있는 고급 인테리어 자재로 사용된다.

게다가 이미지 인쇄 기술을 가상현실(VR)화하여 일본 국내외 문화유산의 VR화를 실현하고 있는데, 쿠마모토성을 VR로 제작할 당시 취득한 4만여 점의 디지털 아카이브 데이터로 지진으로 무너진 성과 돌담의 복원에 크게 기여한 바 있다. 이러한 기술은 스트리트 뮤지엄 등으로 지자체의 관광 진흥과 지역 활성화 등을 돕고 있다.

돗판의 인쇄 기술은 일상의 편리함을 가져다주기도 한다. 최근에는 국가나 지방자치단체의 행정 절차에 DX를 실현하기 위한 'AIRPOST'라는 애플리케이션을 개발, 번거로운 주소 변경, 계좌 이체 등의 금융 서비스, 구청/동사무소 등의 행정 수속 등을 스마트폰으로 편리하고 안전하게 처리할 수 있는 서비스를 시작하였다.

또한 돗판은 GL필름이라는 독자적인 증착 및 코팅 기술을 통해 개발된 고성능 차단 필름을 개발하였다. 이는 투명성이 뛰어나 내용물 확인이 가능하며, 뛰어난 워터프루프 기능, 내용물의 산화 및 건조 등으로 인한 품질 저하를 방지하는 등 세계적 수준의 차단 성능으로 식품, 의약품, 태양광 패널 관련 부품 등 다양한 부문에 사용되고 있다.

최근에는 이 기술을 식품 패키징에도 도입해, 유통기한이 7배 늘어날 수 있는 기술을 유명 베이커리 제품과 협업하여 홍보하기도 했다. 친환경 소재인 종이에 GL필름을 부착한 음료 팩(EP-PAK) 및 캔(카도칸)도 개발했다. 이는 무균충전과 뜨거운 음료 보관을 가능하게 하여 실제 자판기에서도 구매할 수 있는 제품으로 출시하였다. 또한, PVC를 사용하지 않고 만든 돗판 에코시트 등도 개발하였다.

소형 가전에서 고품질 반도체까지

상당히 흥미로운 것은, 소니가 소형 가전의 강자가 될 수 있었던 배경에는 돗판의 기술력이 뒷받침되었다는 것이다. 소니에서 트랜지스터 라디오를 개발할 당시, 주요 부품인 메사형 트랜지스터 제조용 현판 마스크는 일본에서 제작이 안 되어 수입에만 의존했었다. 돗판은 미세 가공 기술을 응용하여 1959년, 트랜지스터 라디오 부품의 국산화에 성공한다. 이 기술이 바로 오늘날 반도체에서 사용되는 포토마스크의 원천기술. 일본이 자국에서 직접 반도체를 제조할 수 있게 된 중요한 계기가 되었다. 일본은 돗판의 기술로 고성능 가전제품을 생산할 수 있게 되었고, 이로써 일본 하면 '고품질의 전자제품 국가'라는 이미지를 갖는데 숨은 공신이라 할 수 있다.

이 외에도 영상의 색을 전기신호로 바꿔주는 촬영용 컬러 스트라이프 필터를 개발함으로써, 비디오카메라 촬영 장비가 경량화 및 소형화되는데 기여, 가정용 제품으로까지 출시될 수 있었다. 이 기술은 각종 중요 행사에서도 그 빛을 발하였는데, 도쿄올림픽의 인쇄물, 티켓, 공식 포스터는 물론, 서울올림픽에서의 국제 표준 TV 중계 영상 전송, 비디오 제판 시스템을 통한 인쇄 후 잡지나 신문 등으로 신속하게 보도할 수 있는 혁신을 이뤄냈다.

이러한 일렉트로닉스 사업은 돗판의 지속적인 수익 원천이기도 한데, 이를 바탕으로 반도체용 포토마스크와 디스플레이 기술을 개발하였다. 돗판은 포토마스크의 세계적인 공급업체이며, 2024년 IBM과 중요한 공동연구 개발을 시작했는데, EUV 리소그래피를 사용한 2나노미터 로직 반도체 노드 개발 및 차세대 반도체를 위한 High-NA EUV 포토마스크를 개발하였다.

1961년부터 반도체용 포토마스크를 개발한 돗판은 전통적인 포토마스크를 넘어 나노 임프린트 리소그래피 기술과 같은 새로운 영역으로 확장, 글로벌 반도체 산업개발에 박차를 가하고 있다. 더욱 얇은 반도체에 대응하는 미세공정설계 포토마스크 생산능력을 2020년 대비 20%가량 늘리고, 2021년에는 EUV 노광장비용 생산 라인에 100억 원을 투자했다.

2023년까지 약 200억 원을 투자해 반도체 제조에 사용되는 액정 생산설비를 보강, 일본 사이타마현, 대만 등에 공장 생산설비를 증강하고 있다.

파워반도체는 전력의 소모를 줄일 수 있어 점차 그 공정이 중요해지고 있는데, 돗판은 설계기술로 제조 반도체 파운드리인 JS 파운드리와 계약을 맺고, 2023년부터 차량이나 공장 자동화에 핵심인 파워반도체로 가공하는 전공정을 위탁 생산하고 있다. 돗판은 디스플레이에서도 다양한 기술을 선보였는데, 닿지 않아도 조작이 가능한 공중 터치

디스플레이 패널은 의료 및 반도체 클린룸에서 사용되고 있다. 코로나 시기에는 엘리베이터의 버튼에 비접촉식 패널로 적용하기도 했다. 최근에는 NICT라는 일본 국내 번역업체와 협력, 돗판의 디스플레이 패널를 활용하여 자동 동시통역 서비스도 개시하였다.

기업 문화 혁신과 상생 비즈니스

브랜드 광고를 시작한 이래로 B2B 기업에서 일반인들에게도 인지도가 높아진 돗판은 젊은이들에게 가고 싶은 회사 순위에서 항상 상위권에 이름을 올리는 기업이기도 하다. 그 핵심은 돗판이 오랜 역사와 전통을 가진 기업임에도 불구하고, 변화에 유연하게 대응할 수 있는 혁신적인 기업 문화를 조성하는 데 주력했기 때문이다. 다양한 사내 제도를 새롭게 기획하여 보수적인 제도를 개혁하고 직원의 참여와 동기 부여를 끌어내는 데 성공, 조직문화의 개선에 기여했다.

- **수평적 소통 및 토털 솔루션 도입:** 기존의 수직적이고 사업부별로 나뉘었던 소통 방식을 개방적이고 수평적인 문화로 바꿨다. 또한 고객사에 한 명의 담당자가 기술과 마케팅을 묶어 제공하는 토털 솔루션 방식을 도입하여 부서별 sib를 막고 커뮤니케이션의 효율성을 높였다.
- **직원 역량 강화 및 직무 만족도 증진:** '잡 챌린지 제도'를 통해 직원이 원하는 부서에서 역량을 발휘할 기회를 제공한다. 정기적인 면담을 통해 직무 만족도를 높이며, 타 사업부로의 직무 전환 기회를 제공하여 직원들의 성장과 만족을 지원하고 있다. 이는 직원들의 동기 부여와 혁신 역량 강화에 직접적으로 기여한다.
- **SDGs 연계 및 사회적 책임:** 전 임직원이 참여하는 SDGs(지속 가능한 개발 목표) 아이디어 공모전을 통해 윈-윈할 수 있는 사업 아이디어를 발굴하고 실제 비즈니스로 연결한다. 또한, 성평등 문화 조성, LGBT 인권 존중 등 사회적 책임을 다하는 기업 문화를 구축하여 '가고 싶은 회사' 이미지를 강화했다.

지역 기업과 스타트업을 연계한다

돗판은 단순히 자체 기술 개발에만 머무르지 않고, 지역 기업 및 스타트업과의 적극적인 협력을 통해 새로운 비즈니스 기회를 창출하고 사회적 가치를 실현하고 있다. 돗판의 규슈 사업부는 지역 기업들과 상생 비즈니스를 이루고 있는 것으로 호평이 나 있다. 지자체가 힘을 쏟는 규슈 지역을 중심으로, 돗판 기술 노하우를 여러 기업과 스타트업에 연계시키는 상생 비즈니스 모델이다.

- **CO-NECTO 프로젝트:** 규슈 사업부의 'CO-NECTO' 프로젝트는 돗판의 기술과 노하우, 지역 기업의 지명도, 그리고 스타트업의 혁신적인 아이디어를 결합한 공동 창업 모델이다. 이는 지역 경제 활성화에 기여할 뿐만 아니라, 돗판이 미처 생각하지 못했던 새로운 사업 영역을 발굴하는 데 중요한 역할을 했다.
- **글로벌 스타트업 협력:** 국내뿐만 아니라 대만, 한국 등 해외 스타트업과의 협력을 통해 건강 관리 앱 개발, 교

육용 디스플레이 태블릿 보급, 열사병 방지 필름 개발 등 다양한 분야에서 혁신적인 솔루션을 선보였다. 이는 개방형 혁신(Open Innovation)을 통해 빠르게 변화하는 시장 요구에 대응하고 새로운 시장을 창출하는 전략이다.

- **사회 문제 해결 기여:** 패밀리마트와 협력하여 처방전 약 수령 서비스 '패미머시'를 론칭했다. 또한 캄보디아에 교육을 지원하는 '스마일 아시아 프로젝트'를 진행하는 등 실제 사회 문제 해결에 적극적으로 기여하며 기업의 사회적 책임을 다했다.

이처럼 돗판은 과거에 안주하지 않고, 핵심 기술을 끊임없이 확장하고 다각화하며, 유연하고 포용적인 기업 문화를 구축하고 있다. 또한 외부와의 적극적인 협력을 통해 새로운 가치를 창출함으로써 변화무쌍한 현대 사회에서 성공적으로 살아남은 모범 사례라고 할 수 있다.

돗판의 이야기는 끊임없는 변화와 도전만이 지속 가능한 성장을 가능하게 한다는 중요한 메시지를 전한다.

생존 키워드

- 핵심 기술의 끊임없는 확장과 다각화
- 창의적이고 포용적인 기업 문화 혁신
- 지역 및 외부 협력을 통한 지속 가능한 상생 비즈니스 모델 구축

기업 정보

창립	1908년 6월 4일 (창업 1900년 1월)
본사	도쿄도 분쿄구 스이도
글로벌	전 세계 80개국 지사 (한국지사는 없음)
매출액	1조 6,782억 엔 (연결)
영업이익	743억 엔 (연결)
직원 수	53,712명
주식	도쿄 프라임
사업 내용	기타제품
주요 사업	인쇄, 일렉트로닉스, IC, 데이터베이스, 패키지, 마케팅 등
슬로건	사람의 감성과 마음을 담는 기술로, 다양한 문화가 숨 쉬는 세계를 향해

소니
뼈를 깎는 구조조정과 엔터로의 대변신

소니 하면 무엇이 떠오르는가? 폭발적인 인기의 워크맨과 플레이스테이션. 그 이후의 소니는 우리에겐 잊혀진 회사였다. "소니가 가전 사업에서 망했듯이"라는 말은 항상 소니의 대명사인 것 같았지만, 2023년 기준 순이익만 10조 원이라는 어마어마한 실적을 달성한 이 회사의 저력은 우리만 외면하고 있었다고 해도 과언이 아니다. 소니는 과연 무엇을 했길래 이렇게 폭발적인 이익을 냈는지, 또한 가고 싶은 회사 순위에서 항상 상위권에 드는 엄청난 존재감의 생존 전략은 무엇일까?

1980년대, 소니의 워크맨이 없어 듣기평가를 망쳤다며 매일매일 사달라고 졸랐던 기억이 있다. 소위 공부 잘하는 친구, 음악 좀 듣는 친구의 필수 아이템, 바로 소니의 워크맨이었다. 가장 받고 싶은 생일 선물 1위, 손안에 들어가는 작은 워크맨은 지금의 최신모델 아이폰 같은, 모두에게 부러움의 대상이었다.

그런데 현재의 소니는 무엇을 떠오르게 하는가? 워크맨과 플레이스테이션이라는 전자제품 생산회사. 그 이후, 우리에겐 잊힌 회사가 되었고, 미래가 불투명하여 언제 망할지 모르는 기업이 되었다. 하지만, 다시 뼈를 깎는 구조조정과 대변신을 이뤄낸 부활의 소니. 코로나 시기에도 순이익만 약 10조 원을 남긴, 절체절명의 위기에서 부활한 기업 소니가 궁금하다.

잿더미 속 작은 시작, 도전하는 소니 DNA

소니의 이야기는 1940년대, 제2차 세계대전의 폐허 속에 놓인 혼란스러운 도쿄에서 시작된다. 창업자 이부카 마사루는 어린 시절부터 시계나 복잡한 장난감을 분해하며 놀던 호기심 많은 소년이었다. 그는 와세다대학 시절 '달리는 네온사인'이라는 기묘한 발명으로 파리만국박람회에서 금상을 수상할 정도로 뛰어난 재능을 지녔다. 그럼에도 불구하고 졸업 후 그토록 가고 싶었던 도시바에 응시하였으나, 불합격하는 쓴맛을 보기도 했다.

전쟁 직후, 이부카는 도쿄 니혼바시의 한 백화점 구석방, 창문조차 없는 작은 공간을 빌려 사무실 겸 공장을 차렸다. 이것이 바로 소니의 전신인 '도쿄통신공업'의 출발이었다. 오늘날의 스타트업처럼, 이들은 무에서 유를 창조하는 정신으로 뭉쳤다. 초기에는 라디오 수리와 컨버터, 진공관 전압계 등을 제조 판매했다. 이부카의 활약이 신문에 실리면서 운명적인 만남이 성사되는데, 바로 또 한 명의 창업자 모리타 아키오가 합류하게 된 것이다.

그러나, 이들의 사업은 결코 순탄치만은 않았다. 야심 차게 만든 전기밥솥은 밥이 골고루 익지 않아 실패작으로 남았으며, 오토바이 스프링을 주워 만든 전기방석은 담요를 태우고 화재 위험까지 생겨 연이은 실패의 쓴잔을 마셨다. 심지어 당시 전기를 너무 많이 쓴다는 이유로 기존 공장에서 쫓겨나 현재 본사가 있는 시나가와에 겨우 자리를 잡았다. 그곳마저도 원래는 다른 회사 사원 식당으로 쓰던 공간이었다니, 소니의 시작이 얼마나 작고 초라했는지 짐작할 수 있다.

그 후 소니는 우연히 네덜란드의 필립스를 보게 되고, 일본 최초의 트랜지스터 라디오를 출시하게 된다. 이후 포켓에 들어갈 만큼 작은 크기로 만드는데 성공한다. 이를 바탕으로 본격적으로 수출 시장을 뚫게 되었고, 소니의 성장은 시작된다.

이때부터 소니의 혁신 DNA는 싹트고 있었다. 게다가 당시 미국 뉴욕의 한 라디오 공장에서 소니 라디오만 4천 개가 도난당하는 사건이 발생했다. 이 뉴스는 뉴욕 타임스 표지를 장식하며, 소니를 단숨에 유명하게 만들었다. 당시 'SONY'라는 사명은 수출할 때 외국인들이 발음하기 좋게 만든 이름이었지만, 미래에 어떤 회사로 변화할지 모른다는 취지에서 '소니○○'처럼 특정 사업을 붙이지 않고 단독 이름이 되었다. 이는 훗날 소니가 전자제품을 넘어 다양한 사업 형태로 변신하는 데 제약이 없는 선견지명의 사명이 되었음을 알 수 있다.

초기부터 소니는 기술로 승부하는 사람들의 소규모 제조 공장으로 시작했다. 특히 외국산 일색이었던 중요 부품들을 대기업(후지쯔, 캐논, 도시바 등)보다 먼저 국산화하는 데 성공하였다. 또한 휴대용 전자기기에 대한 수요가 높아질 것이라는 선견지명으로 소형화를 만드는 데 부단히 노력했고, 그 목표를 달성했다. 소니는 사실 휴대하기 편하고, 가볍고, 작고, 견고하다는 측면에서 소비자들에게 인기가 더 높았다. 이는 곧 소니의 DNA 그 자체였다.

소니는 근대화 시대 일본 기술 무역상들의 DNA를 그대로 타고났다. 참고할 만한 것이 없어도 그 방법을 찾아 끊임없이 도전하여 국산화하였고, 일본 최초, 그리고 세계 최초의 제품을 만드는 도전 DNA, 그리고 그것이 가장 정교화될 때까지 개발하는 카이젠(Kaizen, 改善, 개선) DNA, 마지막으로 일본이 아닌 세계로 그 무대를 넓히는 글로벌 확장 DNA. 이런 세 가지 DNA가 전후 소니의 제품을 전 세계에 알리는 데 주요한 역할을 하였다.

부활을 위한 몸부림, 리더가 중요한 이유

소니는 사명을 붙였을 때의 선언처럼, 전자제품뿐만 아니라 끊임없이 다양한 산업에 도전했다. 1975년 미국 유니온 카바이드사와 합작으로 배터리 사업을 시작했고, 1979년에는 소니 프루덴셜 생명보험을 설립했다. DDI(현 KDDI) 설립에 참여하기도 하고, 1989년에는 콜롬비아 픽처스 엔터테인먼트사를 인수하여 영화사업에 진출하는 등 사업 영역을 넓혔다. 워크맨과 CD플레이어가 잊혀질 때

쯤, 다시금 플레이스테이션으로 세계적으로 유명세를 떨치게 된다. 또한 휴대폰 개발 및 판매는 물론 금융업 진출 등 끊임없이 새로운 도전을 감행하였다.

그러나 승승장구할 것만 같았던 소니는 2000년대 들어 심각한 위기에 직면한다. 2003년부터 2010년까지 주가가 1/10로 하락한 것이다. 게다가 이 기간에 연속 적자를 기록하기도 했다. 위기 극복을 위해 소니는 과감한 결정을 내렸다. 바로 리더를 교체하는 사건이었다.

일본 기업 최초로 외국인 CEO인 하워드 스트링거를 처음으로 영입하여 글로벌 경영 체제를 강화하려고 시도했다. 또한 최고재무책임자(CFO) 제도 역시 도입하면서 재무 건전성 강화에 힘썼다.

그 다음으로 영입한 CEO는 해외파 출신 히라이 카즈오. 이때부터 소니는 과감한 구조조정(2012년)을 시작하게 되었다. 작은 계열사였던 소니 엔터테인먼트의 평사원 출신, 게다가 일본 생활이 길지 않았던 히라이 카즈오가 CEO로 취임하면서 시작된 본격적인 혁신은 전자 사업 부문의 뼈아픈 구조조정을 단행하는 것으로부터였다. 8년 연속 적자를 기록하던 TV 사업을 '소니 비주얼 프로덕츠'로

분사(2014년)하고, PC 사업인 VAIO를 매각(2015년)하였다. 또한 FIFA 국제 축구연맹 스폰서십 철수, 보유 부동산의 매각, 대규모 인력 감축 등을 통해 철저하게 비효율적인 부분을 쳐내고 체질을 개선했다. 당시 히라이 CEO가 주창한 'One SONY' 전략은 본사와 지사의 차별을 두지 않고, 모든 직원을 동등한 동료로서 대하며 직원부터 감동시키는 문화를 만들어냈다. 이는 소니 매출의 턴어라운드를 이끄는 데 매우 중요한 역할을 했다.

히라이의 바통을 이어받은 다음 CEO는 요시다 겐이치로다. 그는 콘텐츠 강화(2018년)를 강조하며 대대적인 변화를 이끌었다. 그는 게임과 콘텐츠(엔터테인먼트) 사업을 핵심축으로 하는 전략을 펼쳤다. 그의 리더십 아래 소니는 2022년 3월 창업 이래 최대 매출액을 기록하고, 처음으로 순이익이 1조 엔을 돌파하는 등 완벽한 부활을 이루었다.

전자에서 엔터로의 대변혁

소니의 극적인 부활은 콘텐츠 IP(지적 재산)를 중심으로 한 엔터테인먼트 사업에 대한 집중적인 투자와 활용에 있었다. 2024년 5월, 소니 그룹 본사에서 열린 경영 방침 설명회에서 확인되었듯이, 이제 소니 그룹 매출의 무려 57%가 게임, 음악, 영화라는 3대 엔터테인먼트 사업에서 나오고 있다.

IP 확보 및 수직 계열화로 소니는 콘텐츠의 기획, 제작, 유통, 소비, 재투자로 이어지는 '콘텐츠 밸류체인'을 구축하고 IP의 가치를 극대화했다. 출판사 및 스튜디오 인수, 제휴를 통해 IP를 확보하고, 이를 애니메이션, 영화, 게임, 음악 등 다양한 형태로 멀티 콘텐츠를 제작하였다.

다음으로 애니메이션 전문 스트리밍 서비스 '크런치롤'을 11억 7,500만 달러(약 1조 6천억 원)에 인수한 것이다. 이는 소니 IP 전략의 핵심이었다. 이를 통해 전 세계 200개 이상의 국가와 지역에 1,300개의 애니메이션 작품을 전달하며 1,500만 명 이상의 유료 구독자를 확보했고, 강력한 유통 채널을 구축했다. 이는 소니가 애니메이션 분야에서 넷플릭스, 디즈니플러스 등과의 OTT 경쟁에서 우위를 점하는 것은 물론, 소니 뮤직 엔터테인먼트 산하 애니 플렉스의 '귀멸의 칼날', '주술회전'과 같은 글로벌 히트 애니메이션을 견인하는 데 결정적인 역할을 했다.

게임 IP의 멀티미디어 확장으로 소니는 보유한 게임 IP를 다른 미디어로 확장하는 데 주력하였다. 플레이스테이션 게임 '언차티드'는 2022년 영화화되어 새로운 팬층을 얻었고, '더 라스트 오브 어스'는 TV 드라마화로 인지도가 폭발적으로 높아져 게임 판매량까지 급증하는 시너지 효과를 냈다. 영화가 흥행하면 게임, 음악, 심지어 캐릭터 상품 판매까지 이어지는 '꼬리에 꼬리를 무는 수익 확대'를 실현한 것이다.

또한 음악 사업의 글로벌 파급력으로서 일본의 인기 2인조 그룹 요아소비(YOASOBI)의 '아이돌' 곡이 전 세계적으로 성공하였다. 한편 음악 자체의 수익뿐만 아니라, 열성 팬들에 의한 '추진카츠(팬 활동)'이 캐릭터 상품 등의 판매를 밀어 올리며 추가적인 수익 증대에 기여하였다.

미래 투자 확대로 소니는 앞으로 6년간 약 1.5조 엔을 지적 재산에 투자할 예정이다. 2027년 3월까지 3년간은 인수와 자사주 매입에 1조 8천억 엔을 투입하여 콘텐츠 IP의 가치를 극대화하고, 오리지널 IP 확보의 중요성을 강조하며 전략을 강화한다는 계획이다.

콘텐츠와 기술의 융합 시너지

소니가 과거 전자 회사에서 현재의 엔터테인먼트 회사로 단순히 변모했다고 생각하는 이들이 많지만, 소니는 기술의 진화와 함께 콘텐츠를 즐기는 방식이 극적으로 변화했음을 놓치지 않고 반영한 것이다. 소니의 진정한 강점은 콘텐츠와 기술의 융합에 있었다. 기술과 IP는 서로를 보완하는 관계였으며, 그 시너지를 극대화했다.

- **경험 경제와 기술의 중요성**: 최근 엔터테인먼트 업계의 최전선은 바로 VR(가상 현실), AR(증강 현실), 메타버스이다. 콘텐츠의 즐거움이 '물건을 소유하는 것'에서 '경험하는 것'으로 바뀌고 있다. 메타버스에서 콘텐츠의 품질을 결정하는 것은 3D 공간을 섬세하게 표현하는 영상 기술, 현장감을 선사하는 공간 오디오 기술, 고해상도 디스플레이 및 노이즈 캔슬링 기능을 갖춘 VR 헤드셋 등 다양한 디바이스 기술이다. 또한 메타버스 내에서의 촉각을 실제 신체에 전달하는 '촉각 피드백'과

아바타 움직임의 정확성과 실시간성을 보장하는 '모션 트래킹' 같은 첨단 기술들이 핵심 역할을 한다.

- **'모코피'의 혁신적인 파급력:** 소니가 가진 기술을 마음껏 살린 대표적인 상품이 바로 '모코피(Mocopi)'이다. 6개의 작은 센서를 손목, 발목, 머리, 허리 등 신체 주요 부위에 부착하고 움직이면, 가상 공간의 아바타가 그 움직임을 정확하게 재현한다. 이 독자적인 모션 센싱 및 AI 기술은 고가의 전문 장비 없이도 누구나 손쉽게 풀 바디 모션 캡처를 가능하게 함으로서 V튜버 등 크리에이터들에게 새로운 기회를 제공했다. 발매 당시 4만 9,500엔이라는 저렴한 가격으로 모션 캡처의 대중화를 이끌었다. 향후 메타버스 콘텐츠 제작의 진입 장벽을 낮추는 데 크게 기여할 잠재력을 지닌다.

- **게임 엔진 활용 영화 제작의 혁신:** 게임 엔진과 그래픽 기술, 모션 캡처 기술의 고도화는 영화 제작 방식까지 혁신하였다. 예를 들어, 게임 엔진을 활용하여 할리우드 건물의 방을 3DCG 데이터로 스캔해 도쿄의 소니 버추얼 프로덕션 스튜디오 대형 LED 화면에 투영하고, 카메라 워크와 연동하여 배우와 함께 촬영하면

마치 실제 할리우드에서 찍은 듯한 영상을 만들 수 있다. 이는 단순히 물리적인 세트 이동이나 해외 로케이션 촬영의 필요성을 줄여 제작 비용을 절감하는 것을 넘어, 영화 제작의 시간적, 물리적 제약을 없앰으로서 창작의 자유를 무한히 넓혀주는데 의미가 있다.

- **새로운 산업으로의 혁신적 도전:** 소니는 전자제품 사업에서 쌓은 기술력과 엔터테인먼트 역량을 바탕으로 새로운 산업 분야에 혁신적인 도전을 이어가고 있다. 잊혀진 전자제품 사업의 소니가 아닌, HONDA와 합작으로 EV 모빌리티 사업을 진행하고 있으며, 도쿄대와 협력하여 소니의 엔터테인먼트 요소가 결합된 일반인의 우주 진출 프로젝트인 JAXA(일본 우주항공연구개발기구)를 추진하고 있다. 이는 단순한 우주 개발을 넘어, 우주에서 즐길 수 있는 새로운 형태의 엔터테인먼트 경험을 창출하려는 시도이다.

사람과 문화의 힘, 소니의 인재 경영

소니 부활의 숨은 주역은 바로 사람과 기업 문화에 있었다. 소니는 창업 때부터 '다양한 사람들의 도전 정신'을 중요하게 생각하는 경영 철학을 가지고 있었다.

- **초기 인재 채용의 혁신**: 트랜지스터 라디오의 수요를 맞추기 위해서는 대량의 인재 채용이 필요했다. 당시 인기가 많던 방직 회사 대신, 당시 아주 작은 회사였던 소니를 선호하는 이들은 적었다. 이에 소니는 여성 인력 모집이라는 아이디어를 냈다. '여공'이라는 말 대신 '트랜지스터의 딸'로 명칭을 정하고, 사내에서도 차별 없이 '~상(씨)'이라고 통일해서 불렀다. 심지어 센다이에서 도호쿠, 홋카이도까지 직접 모집을 하러 갔으며, 면접 시에는 부모님을 함께 동석하게 했다. 취업이 확정된 이들에게는 기차를 타고 이동하기 전까지 부모님과 함께 식사를 하고 배웅할 수 있도록 여비까지 회사에서 마련해줬다. 이러한 방식은 당시에는 상당히

신선하였고 특별한 대우를 받는 느낌을 주었기 때문에 부모들로부터 안심하고 자녀를 취직시킬 수 있다는 평판에 점차 인기가 높아졌다.

- **인재 존중:** 직원과 회사를 동등한 관계로 설정하는 정신은 오늘날까지 이어져 있다. 소니는 인재의 다양성과 사업의 다양성을 결합한 '인적 자본 경영'을 추구하는데, 이는 회사 내 다양한 개인이 가치를 창출할 수 있도록 개성을 발휘하고, 서로 그 영향을 주고받으며 망설임없이 도전하게 함으로서 회사와 함께 성장을 이루게 하는 것을 중시한다. 경력 개발 방식이나 일하는 방식에 제한을 두지 않고, 스스로 하고 싶은 일을 생각하고, 도전하는 것이 소니 인재 정책의 특징이다.

- **사내 내부 모집 제도:** 50년 이상 전통을 가진 이 제도는 새로운 부서에 가고 싶은 직원들이라면 언제든지 모집 공고에 자유롭게 지원할 수 있도록 한다. 실제로 지금까지 8,000명 이상의 직원이 이 제도를 활용하여 커리어를 전환/개발하고 있다.

- **내부 FA 제도:** 프로스포츠 지명권에서 아이디어를 얻은 이 제도는 높은 평가를 받은 직원에게 본인이 원하

는 새로운 직무로의 FA(프리 에이전트)권이 주어진다는 것을 의미한다. 여러 부서에서 FA권을 받기도 하는데, 지금까지 3,500명 정도가 이 권리를 부여받았다.
- **커리어 플러스 제도:** 본인의 업무의 20% 정도를 다른 프로젝트에 도전해볼 수 있게 하여, 새로운 직무를 경험하고 커리어 선택의 폭을 넓혀주는 것이 이 제도의 특징이다.
- **다양성과 포용성(DE&I) 강화:** 자신의 커리어를 주도적으로 설계할 수 있도록 도전하는 직원에게는 지원을 아끼지 않는다. 실제로 여성의 육아휴직 및 육아휴가 제도 사용 후의 복귀율은 96.3%에 달하며, 불임 및 암 치료에 대한 지원 확대, '심포니 플랜'을 통한 개인 맞춤 지원을 제공하면서 직장과 가정의 조화를 돕고 있다.

지속 가능한 혁신, 기술과 창의성

소니는 단순히 기업 이윤을 넘어 사회적 책임과 지속 가능성에도 깊은 관심을 기울이고 있다. 2020년 12월 '코로

나에도 지지 않는 기업 TOP 500 순위'에서 1위를 기록했고, 〈월스트리트저널〉이 선정한 '지속 가능한 기업'에서도 1위에 오르는 등, 소니는 '선호하는 회사의 상위권'일 뿐만 아니라 지속 가능 발전목표(SDGs) 이행에서도 항상 상위권을 유지하고 있다. 이는 창의적인 기술 개발을 통해 사회 문제 해결에 기여하려는 그들의 의지에서 비롯된다.

환경 기술 혁신

- **트리포러스**(Triporus): 쌀 도정 후 남는 쌀겨를 이용, 천연 유래 다공질 카본 소재인 트리포러스를 개발, 의류, 인테리어, 마스크 등 다양한 제품에 적용하고 있다. 최근에는 항바이러스 처리를 하여, 2023년부터 우주정거장에서 입을 수 있는 우주 생활용품으로 선정되었다.
- **소플라스**(Sorplas): 99%의 재생 소재를 사용한 새로운 재생 플라스틱을 개발했다. 탄소섬유를 섞어 방염 성능을 구현, TV 등 발열이 있는 제품의 뒷면 커버 소재로 사용하는 등, 지속 가능한 소재 개발에 앞장서고 있다.
- **원 블루 오션 프로젝트**(One Blue Ocean Project): 발포 스티로폼 대신 종이를 발포시킨 새로운 완충제를 사용하여 해

양 생태계 보호를 위해 힘쓰고 있다.

이 외에도 태양광 시스템, 전기 배터리(EV)를 활용한 자동차 개발, AI 기술을 활용한 이미지 센서 이용으로 농기계 자동화, 엣지 컴퓨팅 구현, LED 디스플레이로 전력 낭비 감소 등 다양한 분야에서 친환경 기술을 적극적으로 실천 중이다.

사회적 책임과 포용적 성장

소니는 'Global Social Justice Fund'를 통해 사회 정의와 인권 보호를 위한 활동을 추진하고 있다. 성평등과 다양성(DE&I)을 촉진하는 인재 정책을 기반으로, 모든 사람을 위한 포용적이고 지속 가능한 경제 성장을 촉진하고 있다.

소니는 작은 스타트업으로 시작하여 수많은 실패와 위기를 겪었지만, 끊임없는 도전과 혁신으로 세계적인 기업으로 성장했다. 그들은 단순히 제품을 만드는 것을 넘어, '꿈과 호기심으로 미래를 열고, 다양성을 통해 더 나은 것을 창조하며, 성실성과 책임 있는 행동으로 신뢰를 얻는다'라는 소니의 철학을 실천하고 있다.

소니의 끝나지 않은 도전은 지금도 계속되고 있다. 그들의 이야기는 우리에게도 도전과 혁신의 가치를 다시 한번 일깨워준다.

생존 키워드
▪ 선견지명과 도전 DNA
▪ 과감한 사업 재편과 개방적 기업 문화
▪ 기술과 콘텐츠의 시너지

기업 정보	
창립	1946년 5월 7일
본사	일본 도쿄도 미나토구 코난 1-7-1 소니시티
글로벌	1,521개 사
매출액	11조 5,398억 엔(2023년 3월 기준)
영업이익	9,371억 2,600만 엔(2023년 3월 기준)
직원 수	약 113,000명(2023년 3월말 기준)
주식	도쿄 프라임, NYSE
사업 내용	전기 장비
주요 사업	전자, 전기기기, EV, 게임/엔터테인먼트, 금융, 방송업(AXN), 부동산업, 애니메이션 제작업/출판업, 연예 매니지먼트 사업, 교육사업 등
슬로건	창의성과 기술의 힘으로, 세계를 감동으로 채운다

후지필름
변화를 예측하고 자신만의 스토리를 만들라

디지털 시대에 필름이라니, 너무 뒤처져 있다고 생각할 수 있다. '그냥 그렇고 그런 회사 아냐? 왜 이런 회사를 사례로 다루지?' 사진을 찍을 때 우리는 억지 미소라도 짓지만, 지구상의 미소를 더 많이 담고 싶다는 그들의 신념은, 왠지 나도 그 사진 속에 담기고 싶다는 느낌이 들게 한다. 자칫, 역사의 추억 한 페이지에 남았을 것 같던 사업이, 오늘날 어떤 기술 개발과 도전을 통해 멈추지 않는 성장을 이뤄냈는지 살펴보자.

"하나. 둘. 셋. 김~치~~~!"

사진을 찍을 때마다 필름을 넣고 필름을 한 장씩 롤링하며, 어떤 모습으로 나올지 3~4일을 꼬박 기다리며 설레던 시절이 있었다. 디지털카메라와 스마트폰의 등장으로 이러한 현상 과정 및 필름은 역사 속으로 사라져갔다. 그럼에도 불구하고 필름이라는 이름으로 디지털 시대에서 굳건히 자리매김 한 회사가 있다. 바로, '후지필름'이다. 우스갯말로 '낡은(?)' 필름이라는 이름의 회사가 뭐 얼마나 대단하겠어? 하지만, 2024년 기준으로 창업 이래 최대 매출을 내는 놀라운 기업으로 탈바꿈하였다. 과연 그 생존을 넘어 매출 신장을 가져온 후지필름의 전략은 무엇일까?

필름의 국산화는 어쩔 수 없는 선택

일본은 사진 필름을 100% 수입에 의존하고 있었다. 필름은 1889년 미국 코닥사의 창업자인 조지 이스트먼(George Eastman)이 셀룰로이드를 이용해 개발하였는데, 이는 곧 영화 발전을 촉진하는 요인이 되었다. 제1차 세계대전 이후인 1919년부터 현재의 사진관이 보급되면서, 점차 취미로서 사진을 즐기는 아마추어 사진가가 등장하기 시작하였다.

일본에서도 영화 및 사진용 필름, 건판, 인화지, 심지어 X-레이 필름 등으로 수요가 점차 증가하기 시작했다. 그래서 100% 수입에 의존하고 있던 일본은 미국의 코닥에 기술 제휴를 요청하였다. 그러나 코닥은 이를 단호히 거절했고, 후지필름은 이를 계기로 필름의 국산화를 사명감으로 삼고 제조 실험에 착수하게 된다. 이것이 오늘날 후지필름의 시작이었다. 해외에서 구매한 재료의 가공 및 제품화가 아닌, 사진 필름의 모든 관련 생산에 대한 도전이었다.

1928년 동양 건판에 출자, 제휴를 맺으며 도쿄에 필름 시험소를 건설하여 필름 베이스 제조시험을 하였다. 1929년 말 세계 경제 대공황의 여파로 도쿄 공장은 폐쇄되었지만, 연구는 계속되었고, 결국 필름의 국산화에 성공하게 된다.

1962년에는 영국의 랭크 오가니제이션과의 합병회사 랭크 제록스(Rank Xerox)와 사업제휴로 사진기 메이커, 후지제록스 주식회사로 발족한다. 2006년 10월 1일부터 주식회사로서 사진부문의 사업을 신설하여 후지필름 주식회사로 계승하였고, 현재의 후지필름 홀딩스로 상호변경을 하였다.

필름 사업으로 승승장구하던 사업은, 2000년부터 회사의 주력사업인 사진 필름과 컬러 인쇄 등 사진 감광 재료 시장이 디지털화되면서 급속하게 축소된다. 2000년 당시 컬러 필름의 매출이 가장 높았었던 시기, 후지필름의 연 매출은 1조 4,000억 엔이었다. 하지만, 그 이후 컬러 필름의 매출은 매년 25%씩 급감, '4년 후에는 100% 사라져 버리는 것이 아닐까?'라는 위기감을 느끼게 된다.

필름 사업을 주로 전개했던 코닥은 2012년 파산보호를 신청하며 역사 속으로 사라진다. 반면 후지필름은 현재 연매출 약 2조 8,000억 엔으로 2000년의 2배 이상 성장이라는 눈부신 결과를 이뤄냈다. 도쿄 프라임 주식시장 화학 섹터 중 시가총액 2위에 당당히 자리 잡고 있다. 그러면 코닥과 다른 길을 간 후지필름의 생존 전략은 무엇이었을까?

변화를 예측하라

 필름에서 디지털로 전환되는 시대의 흐름은 누구나 읽을 수 있었지만, 그것을 어떻게 극복할 수 있었는지에 대한 것은 상당히 어려운 일이다. 후지필름은 새로운 기술을 창조해내기보다는 기존의 기술을 응용, 활용하여 새로운 분야에 진출했다. 세계 최초로 디지털 X-레이 이미징 플레이트를 개발하여 의료 분야에서 혁신을 일으켰다.
 필름의 주성분인 콜라겐이 피부노화방지에도 유효하다는 것에 착안, 그리고 필름을 오랫동안 보존하기 위한 제조과정에서 얻은 콜라겐 처리 기술을 활용하여 인간의 피부 노화 방지에 효과적인 성분을 담은 화장품을 출시했다. 처음 출시되었을 당시, 일본에 있었던 나는 투명한 젤리 모양의 화장품이 너무 신기하고 궁금해 고가임에도 불구하고 사용해 보았던 기억이 있다. 사용 당시 촉촉하고 쫀쫀해진 느낌은 기분 탓이었을 수도 있지만, 사람들의 느낌은 비슷한 것인지 항노화 주름 개선 기술은 큰 성공을 거둔다.

후지필름은 자체적으로 부족한 기술은 적극적인 M&A를 통해 보완했는데, 히타치의 의료 영상 분야를 인수하고, 도시바와 합작으로 내시경 사업을 시작했다. 이를 통해, 의료 영상 기술을 발전시켜 CT, MRI, 내시경 등의 장비를 생산하고, 인공지능을 활용한 의료 이미지 분석 소프트웨어를 개발하여, 의사들의 진단을 돕고 업무 효율을 높이고 있다.

예상하다시피, 후지필름의 현재 매출액 중 필름은 단 1%에 불과하다. 다만 사진, 필름, 제조의 국산화를 통해 발전해온 화학 합성 등의 기술을 응용하여, 액정디스플레이 재료, 의약/의료품, 기능성 화장품, 건강보조제 등 메디컬/헬스케어 신규사업 분야에 적극적으로 진출했다. 그 결과 이미징 (렌즈) 16%, 헬스케어 (의료기기, 화장품/영양제 등) 33%, 전자 (반도체와 디스플레이, 필터 등) 12%, 비즈니스 이노베이션 (오피스 솔루션 등) 39% 등 사업 다각화를 이루었다. 총매출의 65%가 해외에서 발생하고 있어, 후지필름은 가히 글로벌 기업이라고 명명할 수 있을 정도로 성장하였다.

최근에는 2028년까지 바이오 의약품의 생산력을 5배로 늘리겠다고 발표, 미국 등에 연구기관을 신설하여 의약품의 위탁 생산 시스템(CDMO)을 강화하겠다는 계획이다. 현재 후지필름은 위탁 생산 세계 4위로, 2011년부터 유럽과 미국에서 활발한 인수합병과 설비투자를 통해 이 분야에 적극적으로 투자해왔다. 또한, 코로나를 기점으로 백신의 생산 및 유통의 어려움을 돌파하기 위해 2022년 10월에는 일본 내에 생산거점을 마련하기도 하였다.

평소에는 대체의약품을 생산하지만, 응급 시에는 감염병 백신의 생산거점으로 활용하겠다는 계획이다. 이러한 CDMO 시스템은 벤처기업과의 협력이 중요한데, 전 세계에서 신약 개발에 성공한 품목의 약 80%가 벤처기업에 의해 만들어지고 있어, 후지필름의 이러한 시스템은 상당히 중요하다.

후지필름이 이렇게 변화에 대처하여 그 사업 형태를 완전히 바꿀 수 있었던 원동력은 바로 '인재'다. 직원들이 '신뢰'를 바탕으로 개방성, 공정, 투명하고 정정당당하게 경쟁을 할 수 있도록 돕고 유도하는 것이, 지금의 후지필름이 변화에 도전할 수 있는 원동력이었다. 후지필름은 직원들이 스스로 도전할 수 있는 기회를 주되, 다만 하기의 철칙을 염두에 두었다고 한다.

첫째, 성장하는 사업인가?
둘째, 가치를 지속할 수 있는가?
셋째, 압도적인 기술로 사용할 수 있는가?

자신만의 스토리를 만들고 연결하라

후지필름은 직원들의 경력을 '스토리(+STORY)'라고 부른다. 한 사람 한 사람이 자신만의 스토리를 그려 나가며 변화에 대해 도전하고, 또 성장을 추구하기 위함이다. 경험을 연결해 가면 개개인의 스토리가 완성되며, 그 스토리는 회사에 있어 혁신적인 원동력이 된다는 게 후지필름의 인사전략이다.

자신의 스토리는 자신이 그려 나간다. 입사 후 어떤 일을 어떤 식으로 할지 본인이 직접 생각해본 후, 상사나 멘토와 상의할 수 있는 제도를 두어 자신만의 스토리를 만들 수 있게 장려하고 있다. 한 부문에서 전문가(스페셜리스트)가 되어도 좋고, 여러 부문을 경험(제너럴리스트)해보는 것도 좋다. 각자의 개성을 존중하고 살리는 게 후지필름의 사내 문화이다. 일본은 문과계는 종합직, 이공계는 기술직으로 직무를 정하지 않고 신입사원을 뽑기 때문에, 채용 후 순환 보직을 시키는 게 일반적인 방식이지만, 그 결정을 본인이 할 수 있는 경우는 드문 편이므로, 가히 개방적이고 획기적이라 할 수 있다.

매월 개최되는 '+STORY LIVE'를 통해 직원들은 서로의 스토리를 공유하고 배운다. 누구라도 쉽게 대화를 이어나가거나 질문을 할 수 있는 분위기가 조성되어야 하기에, 직급이나 호칭을 없애고 과감히 "○○님"이라고 부르고 있다. 임원 역시 직원과 차별해서는 안 되기 때문에, 호칭은 물론 한 공간의 사무실에서 개방된 공간의 책상에서 일하도록 하는 수평적인 조직 문화를 만들고 있다. 이렇게 해야 임원은 직원에게, 직원은 임원에게 쉽고 친숙하게 다가

가 자연스러운 커뮤니케이션을 할 수 있다는 생각이다. 상사와 부하의 면담에서도 '왜' 그렇게 생각하게 되었는지를 묻고, 그것을 함께 이끌어나갈 수 있도록 동기를 주는 대화 방식이 장려되고 있다.

일본은 전통적으로 합의에 기반한 의사결정을 선호한다. 이 과정을 '네마와시(根回し)'하고 하는데, 한 명이 주도하여 의사결정을 하는 방식보다, 모두의 의견을 교환하고 조율하며 수렴하기 때문에 팀 전체의 성과와 협력을 중시한다. 때문에, 신입사원을 선발할 때 뛰어난 개인보다는 회사의 공통 목표를 위해 타인과 협업을 할 수 있는 사람을 뽑는 경향이 강하다.

후지필름이 위기를 극복하고 성공한 가장 강력한 동인 중의 하나는, 본사와 지사의 직접적인 커뮤니케이션을 장려하기 때문이다. 대개 본사에서는 해외 지사의 데이터만 보고 의사결정을 하달하는 방식이다. 그런데 일반적인 방식과는 달리, 본사에서 직접 지사로 가서 함께 일하고 소통하는 문화가 장려되고 있다. 이를 통해 서로의 문화 차이에 대한 이해는 물론, 여러 가지의 성공 사례 등을 공유하고 벤치마킹할 수 있다.

입사할 때 어학의 조건이 없기에, 누구든지 해외 지사로의 근무를 신청할 수 있다. 특히 '트레이니(trainee, 연수생)' 제도를 활용, 영어권 이외의 국가로 가는 경우, 현지에서 언어학교에 다니도록 지원해 준다. 게다가 업무 이외의 시간은 문화를 체험할 수 있도록 한다. 다만, 주재원과 같이 장기간 파견의 경우에는 여러 가지 문제가 발생한 경험이 있기 때문에, 6개월의 단기 파견 제도를 시행하고 있다. 이 제도는 오랜 기간 해외에서 거주해야 하는 직원들의 심적인 부담도 낮추는 동시에, 해외 실무에 대한 이해가 깊어지는 효과가 있다.

또한, 전통적으로 여성의 사회생활이 다소 낮은 일본에서 여성 활약을 위해, 일과 가정의 양립을 위한 출산휴가 및 육아휴직을 100% 쓰도록 하고 있다. 또한, 육아를 병행하면서 일할 수 있는 단축 근무 제도, 해외 지사와의 시차를 두고 일하는 직원에게 유연(flexible)근무제, 이 모든 제도는 자유롭게 쓸 수 있다. 인력 부족이 심각한 일본의 현재는, 재택근무는 물론이거니와, 여러 가지 제도 등을 당연하게 쓸 수 있는 문화로 바뀌고 있다. 인사 제도가 시스템 및 제도화되면서, 연차나 육아휴직 등을 눈치 보면서 쓰지 못하는 회사는 점점 사라져가고 있다고 해도 과언이 아니다. 이는 직원들의 만족도를 높이는 동시에, 다시 회사로 복귀하는 것에 관해 긍정적이고, 인력의 낭비 및 유출을 막을 수 있어 보편화되는 추세이다.

사진을 찍을 때는 필름 사진기로 찍을 때나, 스마트폰으로 찍을 때나 변하지 않은 것이 한 가지 있다. 바로 '미소', 억지로라도 미소를 짓고, 자세를 취하고, 서로 팔짱도 끼고, 그 순간만큼은 세상에서 가장 행복한 사람, 가장 아름다운 미소, 가장 친한 사이로서 아름다운 추억을 남기고 싶어 한다. 후지필름은 사진을 찍는 순간에서 "지구상에 웃는 얼굴을 더 많이 만들자(남기자)"라는 기업 이념을 세웠다.

"에이, 아직도 회사 이름에 '필름'이 붙어있는데. 그냥 그렇고 그런 필름 회사 아냐?"라고 생각할 수 있지만, 후지필름의 위기 속에서 어떻게 인재를 이끌며 성장해 왔는지, 그들의 스토리에는 깊은 고뇌와 열정이 담겨있다.

생존 키워드

- 디지털 시대에 맞게 변화에 도전하는 DX
- 후지필름의 DNA를 활용한 혁신과 사업 다각화 전략
- 변화에 도전하고 스토리로 연결하는 인재상 정립과 육성
- '지구상에 웃는 얼굴을 더 많이 만들자'라는 비전의 공감

기업 정보

창립	1934년 1월 20일
본사	일본 도쿄도 미나토구 니시아자부 2-26-30 후지필름니시아자부빌딩 일본 도쿄도 미나토구 아카사카 9-7-3
매출액	2조 8,590억 엔(연결) 2023년 3월 기준
직원 수	72,254명(2024년 3월 말 기준)
주식	도쿄 프라임(화학 섹터 중 시가총액 2위)
사업 내용	화학
주요 사업	카메라, 엑스레이 사진, 사진용 필름, 영화용 필름, 인화지, 현상장치, 복사기, 의료품, 화장품, 건강식품 등
슬로건	지구상에 웃는 얼굴을 더 많이 만들자

3장

갑하는 을,
기술력으로
산업을 독점하다

화낙
완벽주의와 세밀함으로 시장을 이겨낸 뚝심

> 일본 후지산 밑자락에 노란색 건물이 요새같이 숨겨져 있다. 외부인의 접근이 어려운, 그래서 더더욱 궁금한 기업, 화낙(FANUC). 세계적인 스마트폰 기업 및 자동차 기업마저도 열광케 하는 개미지옥 같은 기술력을 갖추고 있다는데, 과연 어떤 비밀을 간직하고 있는 것일까? 일반인에게는 낯선 이름이지만, 세계 산업계에서는 전설로 여겨지는, 모노츠쿠리와 카이젠의 조화가 이뤄진 이 기업을 한 번 알아보자.

화낙(FANUC)의 이야기는 일본의 산업 발전과 함께 시작된다. 먼저 우리가 잘 아는 후지쯔가 화낙의 모기업이었다. 후루카와 전기공업은 1차 세계대전 이후, 독일의 지멘스(Siemens)와 손을 잡고 '후루카와(Fu)'와 '지멘스(ji)'의 앞 글자를 딴 후지 전기(Fuji Electric)를 설립한다. 이후 후지 전기는 통신기기 제조를 전문으로 하는 후지 통신기 제조(Fuji Tsushinki Manufacturing)를 설립하는데, 이것이 후지쯔(Fujitsu)의 전신이다.

오늘날 화낙의 상징은 마치 브랜드의 상징색처럼 모든

건물과 제품을 노란색으로 채색한 것으로 유명하다. 이는 아마도 후지쯔가 내부에서 사업부마다 다른 색으로 보고서를 구별했는데, 당시 화낙 사업부가 노란색으로 할당되었던 것에서 유래한다.

기술이 미래 제조업을 혁신하다

화낙의 창업자인 이나바 세이에몬(稻葉 淸右衛門)은 도쿄대학교에서 제어 시스템을 전공한 후, 후지쯔에 입사한다. 1956년, 그는 후지쯔 내에서 커뮤니케이션 컴퓨터 컨트롤이라는 사내 벤처를 시작하는데, 다소 이른 시기에 공작기계에 대한 자동 제어 기술이 미래의 제조업을 혁신할 것이라고 믿었다.

전쟁이 끝난 직후 매출액과 영업이익률은 상상하지 못할 정도로 수요는 거의 없고, 사업은 상당한 어려움을 겪는다. 그러나 그의 끈기와 열정, 그리고 후지쯔의 장시간에 걸친 지원으로 약 10년이 지난 후에야 비로소 흑자 전환하기에 이른다.

1972년, 후지쯔는 이나바의 사업부를 분사하여 후지쯔 화낙(Fuji Automatic Numerical Control)을 설립한다. 여기서 '화낙(FANUC)' 이라는 이름이 탄생하게 되었고, 1975년 이나바 세이에몬이 사장에 취임하면서 회사는 완전히 독립적인 길을 걷게 되어 오늘날의 화낙에 이르게 된다.

화낙의 본사는 후지산 기슭에 있다. 이나바는 회사와 외부 세계를 철저히 단절시켜 기술 유출을 막고, 연구와 개발에만 집중할 수 있는 환경을 만들고자 했다. 회사 원칙만 봐도, 이 회사가 얼마나 강하게 관리하는지 알 수 있다.

화낙의 원칙
- **엄밀: 기업의 지속 가능성과 건전성은 엄밀함에서 비롯된다.**
- **투명: 조직의 부패와 기업의 쇠퇴는 불투명함에서 시작된다.**

후지산 기슭에 화낙의 본사를 지을 때 유명한 일화가 있다. 자연을 해치지 않고 건물을 짓기 위해, 나무와 땅을 그대로, 마치 복사&붙여넣기 하듯이 단 하나도 베지 않고 그대로 옆의 땅에 옮겨 심었다. 주변 52만 평(172만 미터)에 펼쳐지는 숲은 '화낙의 숲'으로 불리고 있으며, 회사 근처에 다

람쥐, 토끼, 사슴, 너구리, 여우와 같은 야생 동물이 서식하고 있다. 숲에는 '화낙 거리'와 '화낙 앞'이라고 하는 버스 정류장도 있다. 그만큼 화낙의 캠퍼스는 외부와의 소통을 최소화하고 내부 결속을 다지기 위한 산속의 요새 같은 독특한 공간이었다.

최고의 인재, 최고의 연봉

화낙은 명문 대학 출신의 초엘리트만을 선발하는 것으로 유명하다. 최고의 인재들에게 최고 수준의 연봉으로 대우하며, 종신 계약과 고용을 약속한다. 그러나 실력이 없으면 언제든지 자리에서 물러날 수 있는 능력 중심의 문화 또한 병존하고 있다. 현재 CEO인 이나바 요시하루(稲葉 善治)는 창업자의 아들이지만 지분은 가지고 있지 않다. 이는 실력이 없으면 언제든지 교체될 수 있는 구조를 만들기 위함이라고 말한다.

화낙은 고액 연봉으로도 유명하다. 평균 연봉이 1,283만 엔으로 업계 최고 수준이다. 일본의 대기업 평균 연봉이 700만 엔, 대졸 신입사원 초봉이 250만 엔인 수준에 비교해 볼 때 정말 높은 금액이다. 다만, 일본은 한국과 같은 포괄연봉제가 아니므로, 시간 외 수당, 잔업수당 등의 각종 수당 및 최소 연 2회의 성과급이 따로 지급된다. 이 또한 우수한 인재를 채용하고 유지하기 위한 전략이라고 할 수 있다. 휴일은 연간 130일(일본은 공휴일, 국경일을 합친 숫자로, 통상 115~120일 정도가 평균)로 타사보다 많은 편이다.

그러나 잔업(수당이 나온다)이 많아 평일과 휴일을 대비하면 일하는 시간의 강도 및 밀도가 높은 편이다. 이공계의 특성상 직무 이동이 적어 한 분야의 기술에 집중하게 되는데, 한 분야에 잘 질리는 사람들에게는 맞지 않을 수 있다.

화낙의 기업 문화는 고립된 위치만큼 엄격함과 보안으로 대표된다. 회사 내에서의 소통은 손 편지나 팩스로 이루어지며, 이메일 사용은 제한되어 있다. 이는 기술 유출 가능성을 원천 차단하려는 조치다. 직원들은 모두 일본인이며, 생산 공장도 일본에만 있다. 이는 품질과 보안을 최우선으로 생각하는 화낙의 철학을 보여준다. 보안을 위해서는 사소한 부분까지 철저히 관리하는데, 예를 들어 회사에서 10만 엔 이상을 지출할 경우, 사장에게 손 편지로 보고해야 한다. 사장의 말은 절대적이며, 언론 매체와의 인터뷰도 금지되어 있다. 이러한 엄격한 규율은 회사의 기밀을 지키고 내부 결속을 강화하는 역할을 한다. 그래서 그런지 화낙 경력자로부터의 후일담이라던가, 회사 소개 등 정보가 다른 회사에 비해 상당히 적다.

효율성과 안정성을 높이는 최고의 기술

이러한 집념은 화낙의 기술에도 고스란히 배어 실적으로도 나타난다. 전 세계적으로 공작기계 제어장치 및 산업용 로봇 분야에서 선두에 있게 된 것이다. 특히 공작기계용 CNC(Computer Numerical Control) 장비에서는 세계 시장 점유율 50%를 차지하고 있으며, 산업용 로봇 분야에서도 세계 시장 점유율 20%로 1위를 기록하고 있다.

화낙의 기술력은 세계적인 기업들과의 협업에서도 나타난다. 삼성전자, LG전자, 애플 등 글로벌 스마트폰 기업들이 화낙의 기계를 도입하여 생산성을 높이고 있다. 전 세계 스마트폰의 80%가 화낙의 기술로 만들어진다고 해도 과언이 아니다. 또한, 테슬라, GM 등 자동차 기업들도 공장 자동화를 위해 화낙의 로봇을 활용하고 있다. 특히, 화낙의 로봇 팔에는 인공지능이 장착되어 부품을 스스로 찾고, 하나의 로봇이 고장 나더라도 나머지 로봇끼리 통신하여 오류를 최소화한다.

이는 제조업의 효율성과 안정성을 크게 높이는 획기적인 기술로서, 고장이 나기 전에 미리 예방할 수 있는 기계를 만드는 일본의 모노쯔쿠리 정신 및 카이젠의 노력이 그대로 드러난다. 화낙은 시가총액 7조 엔, 영업이익률 40%를 기록, 기계끼리 소통할 수 있는 시스템 및 무인 시스템을 구축해 영업이익이 상당히 높다.

심지어 기술 개발을 통해 부품 수를 줄여 비용을 아끼는 한편, 고장 역시 줄여 낭비될 만한 것은 모두 제외해 밸런스를 잘 맞추는 회사로도 유명하다. 현재 100여 개국에 270 거점을 지닌 글로벌 기업으로 성장하였다. 경쟁사로는 일본의 야스카와 전기, 스위스의 ABB, 독일의 쿠카(KUKA) 등이 있으며, 화낙은 그중 세계 2위를 차지하고 있다. 또한, 일본의 다른 공작기계 제조사인 DMG 모리세이키, 오쿠마, 야마자키마작(Mazak) 등과 함께 세계적인 수준의 기술력을 보유하고 있다.

화낙이 추구하는 인재상은 '이기는 영역에 집중하여 기술을 추구하는, 장인 정신이 있는 사람'이다. 직원들은 연구개발, 제조, 세일즈, 보수 및 서비스, 사무 부문에서 각각 활약하며, 각자의 전문 분야에서 최고가 되기 위해 노력한다. 화낙은 지속 가능한 발전 목표(SDGs) 달성을 위해 적극적으로 노력하고 있다. 환경 보호와 사회적 책임을 기업 이념의 중요한 부분으로 삼고 있다.

2024년, 화낙은 영국의 국제 비영리 단체인 CDP로부터 기후변화 대응 분야에서 최고 평가인 A 리스트에 선정되었다. 이는 전 세계 21,000개 기업 중 346개 사만이 받은 영예로, 화낙의 환경친화적인 노력이 인정받은 결과이다. 또한 화낙은 공장 무인화를 통해 에너지 효율을 높이고 있다. 로봇의 경량화와 에너지 절약 기능을 도입하여 소비 전력을 절감하고, CO_2 배출량을 감소시키고 있다. 또한, 밤에도 로봇이 작업을 수행하여 전력 사용을 분산시키고, 친환경적인 생산 시스템을 구축하고 있다. 이는 고객들에게도 부가가치를 제공하여 더욱 선호하는 기업이 되고 있다.

생존 키워드

- 장인 정신과 완벽주의로 만들어가는 고장 제로 품질 지향
- 성과에 대한 명확한 보상과 초엘리트 채용
- 숲을 옮겨가며 보호하듯, 로봇 자동화로 이루는 탄소 절감과 에너지 절약

기업 정보

창립	1972년 5월 12일
본사	야마나시현 미나미쓰루군 오시
글로벌	4개(해외)
매출액	7,330억 엔
영업이익	1,552억 엔(영업이익 1,832억 엔)
직원 수	8,675명(단독 4,257명)
주식	도쿄 프라임
사업 내용	전기 장비(로봇)
주요 사업	공작기계용 NC장치, 다관절로봇
슬로건	'One FANUC' 서비스(FA, 로봇, 자동화 기계의 3사업 서비스)가 One FANUC으로서 일체가 되어, 세계의 제조 현장을 혁신하고 안심할 수 있는 사회를 만든다

일본제철
평범함에 숨겨진 초격차 기술

> 평범함을 비범하게. 어떻게 철강왕 앤드루 카네기의 US스틸을 일본제철이 품을 수 있었을까? 너무 부럽기만 한 그들의 기술력. 그들은 어떻게 갑과 을의 경계를 허물었는지 슈퍼 을의 이야기를 시작해 보자.

일본에서는 2024년 새해 벽두부터 한 기업의 거대한 야망에 떠들썩했다. 주인공은 바로 일본제철(Nippon Steel). 그들이 미국의 상징과도 같은 철강기업 US스틸(US Steel)을 인수하겠다고 선언했기 때문이다. 그리고 2025년에 일본제철은 US스틸을 품었다. 불과 몇 년 전, 사상 최악의 적자로 휘청이던 회사가 어떻게 철강왕 앤드루 카네기의 유산을 품겠다는 거대한 꿈을 꾸게 되었을까? 이는 단순한 자본의 논리가 아닌, 평범함 속에 숨겨진 초격차 기술력으로 '을'의 위치에서 '슈퍼 을'로 거듭난 한 기업의 치열한 생존기다.

벼랑 끝에서 V자 반등을 그리다

일본제철의 역사는 1934년 관영 제철소를 중심으로 한 통합으로 시작되어, 제2차 세계대전과 재벌 해체, 그리고 여러 차례 합병을 거치며 일본 산업의 중추를 지켜왔다. 1970년 후지 제철과 합병, 2012년 스미토모 금속 공업과 합병, 2019년 4월 사명을 신니테츠에서 다시 예전의 일본제철 주식회사(닛폰세이테츠, 영문명은 Nippon Steel)로 변경한다.

그러나 영광의 시간은 영원하지 않았다. 2020년, 일본제철은 설립 이래 사상 최대인 4조 3,000억 원(4,315억 엔)에 달하는 기록적인 적자를 내며 침몰 직전의 위기에 내몰렸다. 부활의 서막은 화려하지 않았다. 오히려 고통스러웠다. 우선 비효율적인 생산의 상징이었던 고로(용광로) 15개 중 5개를 폐쇄하는 결단을 내렸다. 이는 단순히 설비를 줄이는 것이 아니라, 고부가가치 제품 생산에 역량을 집중하기 위한 전략적 선택이었다. 이 과정에서 종신고용 문화가 강한 일본 대기업으로서는 상상하기 힘든 대규모 인력 구조조정이 뒤따랐다.

뼈를 깎는 구조조정 이후, 일본제철은 더욱 개혁적인 칼을 빼 들었다. 바로 '가격 결정권'의 회복이었다. 당시 하시모토 에이지(橋本英二) CEO는 매번 시황에 따라 수익이 흔들리고 구조조정을 반복하는 악순환을 끊어야 한다고 판단했다. 그는 일본제철 매출의 약 30%를 차지하는 최대 고객사이자 절대적인 '갑'이었던 토요타 자동차에 강판 가격 인상을 요구했다. 모든 영업 부서가 "불가능하다"라며 반대했지만, 경영진의 의지는 확고했다.

타의 추종을 불허하는 기술력, '을'의 반란

"가격을 올린다고? 그런데 일본 최대 기업 토요타가 그걸 받아들였다고?" 모두가 놀란 이 사건의 배경에는 일본제철이 아니면 안 되는, 타의 추종을 불허하는 기술력이 있었다.

일본제철은 수십 년간의 연구개발을 통해 철판의 강도는 그대로 유지하면서도 두께는 획기적으로 얇게 만드는 기술을 완성했다. 이 초고장력 강판은 자동차의 디자인 자

유도를 높이는 동시에, 차량 경량화를 통해 연비 개선이라는 시대적 과제를 해결하는 핵심 열쇠였다. 또한, 전기차 모터의 효율을 극대화하는 방향성 전기강판(GOEX), 의료기기나 최고급 골프채에 사용되는 티타늄 합금 등 경쟁사가 쉽게 모방할 수 없는 고부가가치 제품 포트폴리오를 확보하고 있었다.

결국 토요타는 일본제철의 기술 없이는 자신들이 추구하는 고품질, 고효율 자동차를 만들 수 없다는 현실을 인정할 수밖에 없었다. 이는 단순한 납품가 인상이 아니었다. 기술력 하나인 '을'의 위치에서 벗어나 스스로 가격을 결정하는 '갑'이 된, 일본 제조업 역사에 기록될 만한 사건이었다. 이 성공은 다른 고객사와의 협상에서도 연쇄적으로 작용했고, 일본제철의 수익성은 극적으로 개선되기 시작했다.

그 결과는 놀라웠다. 4조 원이 넘는 적자를 기록했던 회사는 불과 2년 만에 10조 원(약 1조 엔)에 가까운 이익을 내는 초우량 기업으로 완벽하게 탈바꿈했다. 이 경이적인 V자 회복의 동력은 바로 누구도 넘볼 수 없는 기술력이었다.

철강왕 앤드루 카네기의 US스틸 인수

일본제철은 US스틸 인수를 통해 글로벌 2위 철강기업으로의 도약을 꿈꾸고 있다. 하지만 이 '세기의 딜'이 성사될지는 여전히 안갯속이었다. 가장 큰 장벽은 미국의 정치적 반대와 강력한 노조였다. US스틸은 미국 제조업의 상징적 기업으로, 국가 안보와도 직결된다는 인식이 강하다. 선거 전 조 바이든 전 대통령과 도널드 트럼프 대통령 모두 공개적으로 인수에 반대 의사를 표명했으며, 미국철강노조(USW)는 일자리 감소와 기술 유출을 우려하며 격렬하게 저항했다.

일본제철은 고용 보장, 14억 달러 규모의 추가 투자, 그리고 기술 이전을 약속하며 설득에 나섰다. 미국의 정치적 분위기 속에서 외국 기업의 상징적 기업 인수에 대한 부정적 여론이 있어 쉽지 않은 상황이었다.

결론적으로, 일본제철의 US스틸 인수는 단순한 M&A를 넘어 기술 패권과 국가 자존심이 걸린 지정학적 게임이었다. 성공 여부를 떠나 한 가지 확실한 것은 일본제철이 벼랑 끝에서 기어오른 저력, 즉 평범한 '철'이라는 소재를 누구도 따라올 수 없는 '기술'로 빚어낸 힘이 있었기에 이 거대한 도전을 시작할 수 있었다는 사실이다.

2025년, 드디어 일본제철이 철강왕 카네기의 유산을 품고 새로운 역사를 쓰기 시작했다. 전 세계가 그들의 다음 행보를 주목하고 있다.

연구개발 및 인력에 대한 장기적 투자

인력구조조정과 같은 경영 위기를 다시 맞이하지 않기 위해서는 연구개발 및 기술력에 대한 장기적인 투자가 선행되어야 한다는 깨달음과 함께, 직원들에게 다양한 인재 육성 프로그램을 제공하고 있다.

- **기술 연구 장기 연수 프로그램:** 일본제철은 기술력 강화와 혁신을 위해 '기술 연구 장기 연수 프로그램'을 운영하고 있다. 이 프로그램은 R&D(연구개발) 분야에서 핵심적인 역할을 담당할 수 있는 인재를 육성하기 위한

목적으로, 직원들이 장기적으로 기술 연구에 집중할 수 있는 환경을 제공한다. 이를 통해 직원들은 최신 기술을 습득하고, 연구 분야에서 깊은 전문성을 쌓을 수 있도록 지원받고 있다.

- **글로벌 리더 양성 프로그램:** 해외 사업의 확장에 따라 일본제철은 글로벌 리더 양성을 위한 특별 프로그램을 마련하고 있다. '글로벌 리더 양성 프로그램'은 해외 주재원을 대상으로 진행되며, 해외 프로젝트에 참여하거나 외국에서의 근무 경험을 통해 글로벌 감각을 높이고 리더십을 키울 수 있도록 지원한다. 이 프로그램은 해외 현지 시장에서 사업을 성공적으로 확장할 수 있는 리더를 육성하는 데 중점을 두고 있다.

- **자기 계발 지원 제도:** 일본제철은 직원들이 자기 계발을 통해 지속적으로 성장할 수 있도록 적극적인 지원을 하고 있다. 직원들은 업무 외 시간에 기술이나 직무 관련 자격증을 취득하거나, 학위 과정을 밟는 경우 회사로부터 비용 일부를 지원받을 수 있다. 이러한 자기 계발 지원 제도는 직원들의 동기 부여를 높이고, 전문성을 더욱 강화할 수 있는 기회를 제공한다.

- **직무 순환 제도:** 일본제철은 직원들의 다양한 직무 경험을 통해 전문성을 쌓을 수 있도록 '직무 순환 제도 (Job Rotation)'를 운영하고 있다. 이 제도는 직원들이 특정 부서에 오래 머무르지 않고, 다양한 부서에서 업무 경험을 쌓도록 하여 다각적인 시각을 키우고, 전반적인 조직의 업무 프로세스를 이해하는 데 도움을 준다. 특히, 철강 산업의 복합적인 특성을 이해하고 조직 내 유기적 협력을 증진하는 데 기여하고 있다.
- **안전 관리 및 복지 증진 프로그램:** 제조 현장의 특성상 일본제철은 직원 안전을 최우선으로 삼고 있다. 이를 위해 '안전 관리 프로그램'을 운영하여 정기적인 안전 교육과 안전 점검을 실시하며, 직원들이 안전한 환경에서 근무할 수 있도록 하고 있다. 또한, '건강 증진 프로그램'을 통해 정기적인 건강 검진과 피트니스 지원, 그리고 정신건강 상담 서비스도 제공하고 있어 직원들의 건강과 복지를 종합적으로 관리한다.

미래 생태계 보존을 위한 프로젝트

일본제철은 미래를 위해서도 다양한 도전을 하고 있다. CO_2 배출을 줄이기 위해, 수소 기반의 철 생산 방법을 연구하는가 하면, 철광 슬래그를 활용하여 생태계 보존 프로젝트를 진행하면서 환경 문제에도 적극적으로 대응하고 있다. 철은 강자성체로 자석에 잘 붙기 때문에 리사이클 시 품질이 크게 저하되지 않는 것을 이용, 여러 번 재활용이 가능한 특성이 있다. 리사이클 할 때는 적은 에너지를 소모해, 재활용이 가능하다. 예를 들어, 철을 만들 때 나오는 '철광 슬래그'라는 부산물은 일본의 일부 해역에서 해조류 성장에 필요한 철분을 공급하는 중요한 역할을 하고 있다. 해조류는 물고기 서식에 중요한 역할을 하는데, 이는 바다 사막화로 인한 해양 생태계 보존을 위한 프로젝트인 것이다.

제조 프로세스를 근본적으로 변경하여 CO_2 감소 및 고품질의 철을 생산하는 것을 목표로 하고 있는데, 우선 기존의 방식에 수소를 이용, 석탄 일부를 대체하고 있다. 철광석의 산소에 수소를 더해 물이 생성되는 방식으로, 수소를 주입함으로써 CO_2 배출량을 감소시키는 것이다. 그러나, 이 방법은 고로의 온도가 낮아져 수소를 고온으로 과열해야 하는 과제가 있어, 산소가 아닌 100% 수소로 철광석의 산소를 제거하는 방법으로 CO_2가 아예 발생하지 않는 궁극적인 방법으로 변화하는 중이다.

마지막으로 3개의 대형 고로를 사용, 전기를 사용한 열로 스크랩의 불순물을 제거하는 다양한 기술을 조합하여 철 제조 방식을 변화시키고 있다. 또한 2050년까지 CO_2 배출을 제로로 만들기 위한 목표를 설정하고 연구개발에 집중하고 있다.

2022년 일본제철은 NS 카본레스(NS Carbolex) 브랜드를 설립, 사회 전체의 CO_2 배출을 줄이는 것을 목적으로 하고 있다. 우선 위와 같이 제조 방식에 있어서 CO_2 절감, 그리고 색이 완성된 판(자동차용)을 고객(토요타 그룹)에게 제공, 도색 과정을 생략함으로서 CO_2 배출 절감 효과를 얻는 것이다. 차량 제조 단계에서 철의 두께는 얇게 하되 그 강도를 그대로 생산하는 경량화를 이룬다면, CO_2 절감에 기여할 수 있기 때문에 일본제철은 이 부분에 가장 힘을 쏟고 있다.

강도는 그대로이면서 경량화를 시킨, 단단함과 유연함을 동시에 충족하는 철 개발에 성공, 토요타 자동차의 고급 브랜드에서는 자동차의 디자인을 조금 더 자유롭게 하면서 안정성을 보장할 수 있게 되었다.

  일본제철의 이야기는 우리에게 많은 것을 시사한다. 흔한 자원도 기술과 혁신이 더해지면 세상을 바꿀 수 있다는 것. 그리고 위기를 기회로 바꾸는 용기와 결단력. 앞으로 일본제철이 만들어갈 새로운 역사를 지켜보자.

생존 키워드
▪ 끊임없는 연구개발에 대한 투자로 인한 초격차 기술력
▪ 생존을 위한 과감한 결단과 기업 체질 개선
▪ 기술력의 사회적 확장으로 기업 가치 상승

기업 정보	
창립	1950년 4월 1일 (야와타 제철 주식회사)
본사	도쿄도 치요다구 마루노우치
글로벌	6개 (솔루션, 엔지니어링, 케미컬&머티리얼, 동판, 제동, 화로제작소 등)
매출액	7조 9,755억 엔 (2023년 3월)
영업이익	4조 1,811억 엔 (2023년 3월)
직원 수	106,068명 (단독 28,331명)
주식	도쿄 프라임
사업 내용	철강
주요 사업	철강의 제조 및 판매
슬로건	항상 세계 최고의 기술과 제품 생산력을 추구하고 우수한 제품과 서비스를 제공하여 사회 발전에 공헌한다

신에츠 화학공업
소금에서 반도체까지 지속적인 기술 혁신

반도체 전쟁의 소용돌이 속에서도 결코 흔들리지 않는 재료 제국이 있다. 나아가 신소재로 기존 반도체 웨이퍼의 역사를 새로 쓰며 반도체 시장을 지배하는 그림자 실세와 같은 기업. "반도체 칩의 역사는 곧 이 회사의 소재 혁신 역사"라고 표현해도 과언이 아니다. 우리 일상에서 가장 흔한 '소금'을 첨단 기술의 출발점으로 삼아 세계적인 첨단 기술인 반도체까지 섭렵한 기업, 신에츠 화학공업의 경이로운 연대기를 파헤쳐 본다.

1926년, 일본의 풍부한 수력과 석회석 자원을 기반으로 신에츠 지역(나가노현과 니가타현)에 시나노 전기 산하 카바이드 및 석회질소를 제조하는 '신에츠 질소비료 주식회사'가 설립된다. 당시 농업 분야에서 화학 비료를 제조하며 첫발을 내딛었다. 설립자는 나가노에서 방직업으로 성공을 거둔 코시쥬사부로와 지역 정치 명문가 출신인 코사카 준조였다.

유력 정치인이자 지역신문사를 갖고 있던 코사카 요시노스케의 장남인 코사카 준조는 1940년에 사명을 신에츠 화학공업 주식회사로 변경한 후, 1949년 도쿄증권거래소에 상장하여 본격적인 성장의 기반을 마련하였다.

그들의 첫 번째 도약은 비료 제조에서 한발 더 나아간 염화비닐수지(PVC) 생산에 주력하게 되는데, 여기서 중요한 것은 바로 '소금'이 주요 원료였다는 점이다. '왜 하필 소금일까?'라는 의문이 들 것이다. 당시 일본은 자국에서 생산되지 않는 석유 자원에 대한 의존도를 낮추고 자국 내 자원을 활용하려는 국가적 흐름이 있었다.

신에츠 화학공업은 소금을 전기 분해해 얻은 염소를 기반으로 PVC를 생산하는 기술을 완성했다. 이 단순해 보이는 화학 공정의 완벽한 통제력은 훗날 그들이 더 복잡하고 순수한 물질을 다루는 기반이 되었다. 현재 신에츠 화학공업은 미국, 유럽, 일본 등 주요 지역에서 연간 444만 톤의 PVC를 생산하며, 이 분야에서 압도적인 세계 1위 자리를 지키고 있다.

실리콘 제패, 반도체 역사를 쓰다

1960년대, 신에츠 화학공업은 비료와 PVC로 다져진 화학 기술의 정수를 새로운 영역에 쏟아붓는다. 바로 반도체용 실리콘 웨이퍼 사업이다. 화학 회사가 반도체 소재를 만든 다는 것에 대한 의구심도 있었지만, 신에츠 화학공업은 고순도 금속 규소(Polysilicon)를 녹여 단결정 잉곳(Ingot)을 성장시키는 '쵸크랄스키(Czochralski) 공법'을 예술의 경지로 끌어올렸다.

신에츠 화학공업의 힘은 불순물을 거의 허용하지 않는 99.999999999%(Eleven Nine, 11N)의 초고순도, 원자 단위의 오차도 없는 완벽한 결정 구조, 그리고 눈에 보이지 않는 평탄도를 구현하는 데 있다. 특히 2001년, 기존 200mm 웨이퍼 대비 칩 생산성을 2배 이상 끌어올린 300mm 실리콘 웨이퍼의 상업 생산에 세계 최초로 성공하며 반도체 산업의 패러다임을 바꿨다.

이는 단순한 크기 확대가 아니라, 무어의 법칙을 지속시킨 결정적 혁신이었다. 현재 신에츠 화학공업은 반도체 실리콘 웨이퍼 시장에서 30% 이상의 점유율로 부동의 1위이며, 반도체 회로를 그리는 원판인 포토마스크 블랭크에서도 세계 1위, 감광액인 포토 레지스트 분야에서도 최상위권을 차지하며 반도체 제조의 시작점을 완벽하게 장악하고 있다.

신에츠 화학공업은 일반인에게는 낯선 B2B 기업이지

만, 그 재무구조는 경이롭다. 2022년 기준 매출액은 약 28조 원에 영업이익이 무려 9조 원으로 '영업이익률이 35.5%'에 달한다. 삼성전자의 역대 최고 영업이익률(2021년, 18.47%)의 두 배에 가까운 수치다. 매출 규모가 더 큰 경쟁사 미쓰비시 케미칼보다는 시가총액이 훨씬 높다.

이 괴물 같은 수익성의 비밀은 바로 '대체 불가능한 독점적 지위'에 있다. 신에츠 화학공업은 아무나 진입할 수 없는 극도로 높은 기술 장벽을 가진 틈새시장을 발굴하고, 그곳에서 압도적인 1위가 되어 가격 결정권을 장악하는 전략을 구사한다. 반도체 제조사들은 원가의 작은 부분을 차지하지만, 수율을 결정하는 핵심 소재인 신에츠 화학공업의 웨이퍼를 쓰지 않을 수 없다. 이는 단순한 '갑을 관계'를 넘어, 고객의 생산 라인에 깊숙이 뿌리내린 공생 관계이자 사실상의 기술 독점이다.

차세대 전력반도체 소재 '질화갈륨'

독점적 지위에 안주하지 않는 신에츠 화학공업은 이미

다음 시대를 준비하고 있다. 그 중심에는 차세대 전력반도체 소재인 '질화갈륨(GaN)'이 있다. 질화갈륨은 기존 실리콘 대비 월등한 전력효율(약 1,130배의 성능)과 높은 내열성, 내압성을 가져 전기차, 데이터센터, 신재생에너지 등 폭발적으로 성장하는 시장의 핵심 소재로 꼽힌다.

최근 각광 받는 엔비디아에서도 전력반도체의 중요성을 강조하며, AI 시대에는 적은 전력으로 효율적인 성능을 낼 수 있는 반도체의 핵심으로서 이를 중요하게 생각하고 있다는 것에 비추어보면, 선견지명이 높다. 특히 신에츠 화학공업은 전력반도체 시장 규모가 약 70조 원으로 성장할 것으로 예측하며, 이 질화갈륨 300mm 웨이퍼로 세계적으로 증가하는 전력반도체의 수요에 대응하고자 생산능력 확충 및 기술 개발에 박차를 가하고 있다.

신에츠 화학공업은 자체 개발한 QST(Qromis Substrate Technology) 기판 기술을 통해, 고품질의 대구경 질화갈륨 웨이퍼를 안정적으로 생산하는 데 성공했다. 이를 통해 약 70조 원 규모로 성장이 예측되는 전력반도체 시장의 주도권을 선점하겠다는 계획이다.

인재는 기업 성장의 핵심

모든 혁신은 사람에게서 나온다. 신에츠 화학공업은 이직률이 낮고 장기근속자가 많은 것으로 유명하다. 영업이익률이 높아 재무구조가 탄탄한 것도 있겠지만, 야근이 많지 않고 종신 고용의 느낌이 강한 회사로 안정적이라는 평이다. 물론 다른 상사와 같이 높은 연봉은 아니지만, 상사의 특성상 야근 및 주말 근무 등 수당이 붙어 평균 연봉이 높아지는 것을 감안할 때, '워라밸'을 지키면서도 연봉이 평균을 상회하는 것을 본다면, 가고 싶은 회사로 꼽힐 수밖에 없어 보인다.

물론 영업이익률에 비해 직원들에 대한 이익분배율이 충분치 않다는 볼멘소리도 있으나, 이는 연구개발에 대한 재투자 및 기존 개발혁신으로 인한 영업이익의 분배임을 대다수는 인식하고 있다. 지속적인 연구개발 투자로 인해, 반도체 웨이퍼에서는 새로운 혁신을 일으켜 앞으로는 더욱 큰 영업이익을 달성할 것이 예상된다. 따라서 신에츠 화학공업의 임직원들은 지속적인 연구개발에 대한 성과로 인해 희망퇴직이나 구조조정을 진행할 일은 없다.

신에츠 화학공업은 인재를 기업 성장의 핵심 요소로 인식하고 있다. 기술 혁신과 제품 개발을 위한 전문 인력의 양성을 위해 내부 교육 프로그램을 강화하고 있으며, 신입사원부터 경력사원까지 지속적인 교육과 훈련을 통해 전문성을 높이고 있다. 주목할 점은 연구개발 부문에 많은 인력과 자원을 투입하여 새로운 소재와 기술 개발에 주력하고 있다는 것이다.

또한, 직원들의 전문성 향상을 위해 박사학위 취득을 지원하는 등 교육과 역량 개발에 투자하고 있다. 글로벌 시장에서 경쟁력을 강화하기 위해 다문화 인재의 채용과 육성에도 힘쓰고 있는데, 해외 거점에서의 현지 인재 채용은 물론, 일본 본사에서도 다양한 국적의 인재를 받아들이고 있다. 이는 글로벌 비즈니스 환경에 대한 이해와 대응 능력을 높이기 위한 전략이다. 수십 년 간 축적된 기술과 노하우가 사람을 통해 고스란히 이어지는 것, 이것이 신에츠 화학공업의 가장 강력한 무기라 할 수 있다.

소금에서 비닐(PVC)을, 모래에서 실리콘을, 그리고 이제는 질화갈륨으로 미래 전력 시장의 패러다임을 바꾸는 신에츠 화학공업, 과연 그들의 혁신은 어디까지 계속될까? 그들의 역사는 가장 평범한 원료의 본질을 꿰뚫어 보고, 그것을 누구도 넘볼 수 없는 기술로 빚어내는 위대한 연금술의 기록같이 보인다.

생존 키워드
▪ 원료의 본질을 꿰뚫는 기술
▪ 대체 불가능한 독점적 생태계 구축
▪ 시대를 앞서는 과감한 선행 투자

기업 정보	
창립	1926년 9월 16일
본사	도쿄도 치요다구 마루노우치
글로벌	140개 사
매출액	2조 8,088억 엔(단독 7,993억)
영업이익	7,082억 엔/연결(영업이익 9,982억 엔/연결, 경상이익 1조억 엔/연결)
직원 수	25,717명(단독 3,481명)
주식	도쿄 프라임
사업 내용	화학
주요 사업	PVC, 실리콘, 기능성 화학품, 전자 재료, 가공, 상사, 기술 서비스
슬로건	지속 가능한 기업 활동을 적극적으로 수행하며, 타의 추종을 불허하는 소재 기술을 통해 사회와 산업이 원하는 가치를 창출한다

4장

뉴노멀 전략,
이젠 우리가 기준이다

레조낙
'협력'이라는 칼로 반도체 제국을 재건

뒤처진 자의 역습. 뒤처졌다고 생각했던 일본의 반도체 시장에서, 잘할 수 있는 것에 집중하는 것과 동시에, 보안이 생명인 반도체에서 새로운 바람을 일으킨 '레조낙(Resonac)'. HBM의 핵심 재료 및 여러 소재가 세계 점유율 1위임에도 불구하고, 그들의 전략은 앞으로 어떤 반향을 일으킬지, 이 회사를 조금 더 깊이 알아보자.

한때 세계를 호령했던 일본 반도체 산업의 빛이 바래가던 시절, 한국의 삼성전자, 대만의 TSMC, 미국의 인텔 등이 시장을 선도하며, 일본의 반도체 기업들은 모두가 패배를 인정하는 분위기 속에서 한 이단아가 등장했다. 기술 유출을 막기 위한 극도의 보안이 생명인 이 업계에서, 오히려 '함께 하자'는 깃발을 내건 기업. 바로 '레조낙(Resonac)'이다. AI 시대의 심장인 HBM(고대역폭 메모리) 핵심 재료시장을 장악했음에도, 이들의 진정한 무서움은 따로 있다. 뒤처진 자의 위치에서 판을 뒤흔드는 레조낙, 그들의 담대한 전략을 깊이 들여다본다.

두 거인의 결합, 하이브리드 전사의 탄생

레조낙은 2023년 1월에 설립된 신생 회사처럼 보이지만, 그 정체는 100년 가까운 역사를 가진 두 거인의 결합체이다. 그 뿌리는 1939년 설립된 '쇼와덴코(Showa Denko)'와 첨단 소재의 강자 '히타치케미컬(Hitachi Chemical)'이다. 쇼와덴코가 에칭가스, 연마제(CMP 슬러리) 등 무기화학 기반의 '단단한' 소재에 강점을 가졌다면, 히타치케미컬은 반도체 기판재, 접착 필름 등 유기화학 기반의 '부드러운' 기능성 소재에 독보적 기술을 보유했다.

2020년 쇼와덴코는 첨단 소재 분야에서 뛰어난 기술을 보유한 히타치케미컬을 인수하며 세상을 놀라게 했다. 이는 단순한 몸집 불리기가 아니었다. 반도체 공정의 시작부터 끝까지, 모든 단계에 필요한 재료를 '원스톱'으로 공급하는 완전체로 거듭나기 위한 전략적 융합이었다. 그리고 2023년, 이 하이브리드 전사는 '울림, 공명'을 뜻하는 '레조낙'이라는 이름으로 다시 태어났다. 잃어버린 반도체 왕국의 명예를 되찾기 위한 거대한 서막이 오른 것이다.

잘하는 것에만 집중한다

레조낙의 전략은 명확하다. 삼성이나 TSMC처럼 웨이퍼에 회로를 새기는 '전공정'의 왕좌를 노리는 대신, 칩을 자르고 붙이고 포장하는 '후공정' 분야의 절대적 지배자가 되겠다는 것이다. 그들은 자신들이 가장 잘하는 것에 모든 역량을 집중했다.

그 결과는 경이롭다. 현재 레조낙은 반도체 후공정 재료 6종을 포함, 총 9개 핵심 재료 분야에서 세계 1~2위의 점유율을 자랑한다. 특히 AI 반도체의 성능을 좌우하는 HBM의 핵심 재료, '다이본딩 필름(Die-bonding Film)' 시장에서 세계 1위를 차지하고 있다.

요즘 HBM을 모르는 사람은 없다. 첨단 반도체의 핵심 기술의 결정체인 HBM은 여러 개의 D램 칩을 수직으로 쌓아 올리는 구조다. 이때 각 칩을 붙여주는 것이 바로 레조낙의 다이본딩 필름이다. 이 필름은 머리카락보다 얇은 마이크로미터 단위의 두께를 균일하게 유지하면서도, 수백만 개의 전극을 완벽하게 연결하고 칩 사이의 열을 효과적으로 방출해야 하는 극한의 기술을 요구한다. 레조낙의 필름 없이는 현재의 고성능 HBM을 만들 수 없다고 해도 과언이 아니다. 이처럼 레조낙은 '우리가 없으면 당신들의 첨단 반도체도 없다'는 기술적 해자를 구축했다.

이 외에도 세계 점유율을 자랑하는 반도체 핵심 재료인 전자기기의 소형화와 고성능화를 가능하게 하는 동장적층판(PCB 기판재)이 있다. 또한 전공정에서 회로를 형성할 때 사용되는 CMP 슬러리와 식각 에칭가스 역시 이 분야에서도 글로벌 점유율 1위를 기록하고 있다. AI와 IoT 시대의 도래로 반도체의 수요는 전 분야에 걸쳐 폭발적으로 증가하고 있다. 레조낙은 이러한 흐름에 발맞춰 후공정 기술과 선진 패키징 기술에 집중하며, 반도체 제조 공정에서 핵심적인 역할을 하고 있다.

일본은 반도체 재료 및 장비 산업에서 강점을 유지하고 있기에, 레조낙 역시 반도체 전자 재료 분야에 더욱 집중하게 되었고, 2030년까지 반도체 전자 재료 비중을 45%로 확대할 계획을 세우고 있다. 이는 기존 화학 사업의 비중을 줄이고 반도체 중심으로 전환하는 기업 전략의 일환이다. 레조낙은 반도체 전자 재료 사업에 자원을 집중하기 위해 사업구조를 재편했다. 지난 3년간 일부 사업을 매각하며, 케미칼 사업을 독립시키려는 계획을 추진 중이다. 잘하는 것만 집중하겠다는 전략이다.

오픈 이노베이션 전략과 '공동 창업' 문화

레조낙을 진정 위협적으로 만드는 것은 그들의 시장 지배력을 넘어선다. 바로, 반도체 업계의 오랜 금기를 깨뜨린 '오픈 이노베이션' 전략이다. 기술이 곧 생명인 이 업계에서 협업은 드문 일이지만, 레조낙은 일본 내 각 분야 최고 장비 및 재료 기업 14개 사를 모아 '패키징 솔루션 센터(PSC)'라는 컨소시엄을 만들었다.

과거에는 칩 제조사가 새로운 재료를 테스트하기 위해 재료사와 장비사를 각각 오가며 수개월을 허비해야 했다. 하지만 이제 PSC 안에서는 레조낙의 신소재를 파트너사의 최신 장비로 즉시 테스트하고 검증할 수 있다. 개발시간이 수개월에서 수 주로 단축되는 혁신이다. 이 파격적인 협업 모델은 미국 실리콘밸리까지 확장되어, KLA, 쿨리크 앤 소파(Kulicke & Soffa), 알박(Ulvac) 등 세계적인 기업들과 함께 글로벌 기술 표준을 만들어가고 있다. 자사 및 자국의 기술 유출을 걱정하기보다, 협력을 통해 더 큰 시장을 창출하는 '큰 그림'을 본 것이다.

레조낙의 혁신은 외부 협력에만 그치지 않는다. 과거 쇼와덴코 시절의 어두운 그림자를 지우고 신뢰를 회복하기 위해 내부로부터의 완전한 변혁을 추구했다.

그 핵심에는 '공동창업형 인재' 육성과 '모야모야(모락모락) 회의'가 있다. '공동창업형 인재'는 직원들이 마치 창업자 같은 마음가짐으로 주인의식을 갖고 일을 주도적으로 하며, 경쟁이 아닌 협업을 통해 회사를 함께 만들어간다는 의미다. 이를 위해 다카하시 사장(CEO)과 이마이 인사 임원(CHRO)은 직접 전국의 사업장을 돌며 '모야모야 회의'를 연 50회 이상 연다. 이는 직원들이 가진 모호하고 답답한 고민을 직접 듣고 해결하며, 실수를 두려워하지 않는 '심리적 안정감'을 구축하기 위함이다. 360도 피드백 시스템, 무의식적 편견 제거 훈련, 경청과 의사소통 능력 강화 등은 이러한 문화를 제도적으로 뒷받침하며, 두 거대 조직의 화학적 결합을 완성하고 있다.

레조낙의 파격적인 행보는 경쟁이 아닌 협력, 독점이 아닌 공유라는 그들의 생존방식이 얼마나 강력한 힘을 발휘할 수 있을지, 이제 세계가 주목하고 있다.

생존 키워드
▪ 선택과 집중을 통한 후공정 지배
▪ 금기를 깬 개방적 협력
▪ 과거를 극복하는 투명한 조직 문화

기업 정보	
창립	2023년 1월 17일(원 회사 쇼와덴코: 1939년 설립)
본사	쿄도 미나토구 히가시 신바시 잇쵸메 도쿄 시오도메 빌딩
글로벌	152개(2023년 기준, 모두 주식회사)
매출액	1조 4,196억 3,500만 엔(연결, 2021년 12월)
영업이익	120억 9,400만 엔(연결, 2021년 12월)
직원 수	26,054명(2021년 12월)
주식	도쿄 프라임(1949년 설립)
사업 내용	종합 화학 및 반도체 소재 기업
주요 사업	반도체 및 전자 재료, 자동차 부품, 첨단 소재, 화학 등
슬로건	관념의 구체화(Shaping Ideas)

이토추상사
만년 꼴찌의 반란, 상사의 역사를 새로 쓰다

눈 내린 겨울 아침 출근길에 패밀리마트에서 아침 대신 바나나를 사 먹으며, 구두 대신 신은 컨버스 운동화와 데상트 패딩. 내 일상의 너무 많은 부분이 이토추상사와 관련이 있었다. 무심코 지나친 나의 편리함이 왜 워런 버핏에게 제2의 코카콜라가 되었는지, 왜 일본의 취업준비생들이 가장 가고 싶어하는 기업 1위로 선택되었는지, 왜 상사 No. 1으로 올라설 수 있었는지를 알아보자.

1858년, 일본 오사카. 15살의 나이로 삼베(마직물)를 팔기 위해 전국을 누비며 사업을 시작한 소년이 있다. 그의 이름은 이토 추베이, 그의 이름 앞 글자를 딴 이토추는 창업 초기부터 해외로 눈을 돌려 일본 상사 중 가장 빠르게 글로벌 네트워크를 구축했다. 그의 사업은 점차 성장하여 1918년에는 뉴욕에 출장소를 개설하며, 해외를 상대로 회사 채권을 발행해 판매한다. 이는 일본 상사 중 가장 빠르게 해외로 진출한 것인데, 그 후 마루베니 등 여러 무역회사를 합병하며 1949년에는 주식회사 이토추상사라는 이름으로 도쿄와 오사카 주식 시장에 동시 상장하였다.

하지만 일본의 종합상사들이 중동의 석유, 호주의 철광석 등 거대한 자원 거래로 막대한 이익을 거둘 때, 이토추상사는 달랐다. 그들은 '돌(Dole)'바나나, '패밀리마트' 편의점, '데상트'와 '헤드' 등 스포츠 의류까지 소비자의 삶에 직접 맞닿아 있는 비자원 소비재 분야에 집중했다. 이는 안정적인 성장을 담보했지만, 자원 가격이 급등하는 시기에는 다른 상사들의 실적을 따라잡기 어려웠다. 그 결과, 이토추는 미쓰비시, 미츠이, 스미토모, 마루베니에 이어 '만년 5위'라는 꼬리표를 오랫동안 떼지 못했다.

일하는 방식부터 바꿔라

변화의 서막은 2010년, 오카후지 마사히로(岡藤正広) 회장이 CEO로 취임하면서 시작되었다. 2011년 3월 11일, 일본은 대지진과 쓰나미로 큰 충격을 받으며, 그는 회사의 본질적인 역할과 직원의 삶에 대해 깊이 고찰했다. 그는 '오래 일하는 것이 유능함의 증거가 되어서는 안 된다'라고 선언하며, 비효율적인 야근 문화를 뿌리 뽑기 위한 혁명적인 제도를 도입했다.

바로 야근 없는 '아침형 근무제도'이다. 오후 8시 이후의 야근을 원칙적으로 금지하고, 사무실 전체를 소등했다. 대신 이른 아침에 출근하는 직원에게는 무료 조식을 제공하고, 정규시간 외 조기 근무 수당을 지급했다. 이로 인해 직원들의 실질적인 연봉은 약 30% 상승하는 효과를 보았고, 저녁이 있는 삶을 되찾았다. 처음에는 눈치를 보던 직원들도 경영진의 확고한 의지와 제도적 뒷받침 속에서 점차 변화에 동참했다. 이는 단순히 복지 제도가 아니었다. 짧은 시간에 최대의 효율을 내는 '상인 정신'을 현대적으로 재해석한, 생산성 혁명이었다.

사람을 지키는 것이 최고의 투자

이토추상사의 혁신은 여기서 멈추지 않았다. 암 투병 중 세상을 떠난 한 직원의 편지는 회사에 더 큰 울림을 주었다. "이토추상사는 나에게 언제나 1위의 회사였다"는 그의 마지막 말에, 회사는 민간 기업 최초로 '암 치료와 업무의 양립 지원 제도'에 대한 대책을 4개월 만에 강구하고, 빠르게 추진하였다. 또한 암 예방 및 조기 발견과 치료를 위해 국립 암연구센터와 제휴하여 검진을 지원하고, 치료 중인 직원이 단축 근무나 재택근무 등 유연하게 일할 수 있는 환경을 완벽하게 구축했다.

또한, 사내 코디네이터(상담창구) 상주, 특별 휴가 부여, 근무형태(단시간 근무, 근무일 선택, 재택근무) 선택의 다양화 등을 적극적으로 지원하였다. 특히 여성의 경우는 한창 일할 시기인 40대에 암이 발병하는 경우가 높은데, 이러한 제도를 통해 여성의 경력 유지는 물론 일의 생산성 향상에 큰 도움이 되었다.

또한, 일본의 심각한 저출산 문제에 대응하기 위해 여성 인재가 마음 놓고 일할 수 있는 환경을 만드는 데 사활을 걸었다. 그 결과, 이토추상사 여직원의 사내 출산율은 2012년 0.6명에서 2021년 1.97명으로 3배 이상 급증하는 경이로운 기록을 세웠다. 더불어 육아와 간병을 병행할 수 있는 재택근무 및 단시간 근무제도를 도입했다. 또한, 경력 단절을 방지하기 위한 다양한 지원 프로그램을 마련했다. 이는 일본 정부가 이토추상사의 인사 정책을 저출산

대책의 모범 사례로 지정하는 계기가 되었다.

사람의 마음을 얻어라

이러한 노력의 결과는 극적이었다. 2019년부터 2025년까지 7년 연속으로 일본 취업준비생이 가장 가고 싶은 기업 1위에 올랐다. 더 놀라운 것은 실적이었다. 비효율을 걷어내고 직원들의 만족도와 생산성을 극대화한 이토추상사는 마침내 2021년 3월 기결산에서 창사 이래 처음으로 순이익 기준 일본 종합상사 1위라는 위업을 달성했다. '만년 꼴찌'가 마침내 왕좌에 오른 것이다.

이러한 대반란은 '오마하의 현인' 워런 버핏의 눈을 사로잡았다. 그는 이토추상사를 포함한 일본의 5대 상사에 대규모 투자를 단행하며, 이들의 장기적인 성장 가능성을 높이 평가했다. 특히 비자원 분야의 안정적인 수익구조와 사람 중심의 혁신을 이뤄낸 이토추상사는 버핏의 포트폴리오에서 제2의 코카콜라와 같은 존재감을 드러냈다.

이토추상사는 자원이 아닌 사람에 투자하고, 보여주기식

제도가 아닌 진정한 변화를 끌어내는 것이 얼마나 위대한 결과를 낳는지 스스로 증명했다. 이토추상사의 이야기는 기업의 성장이란 결국 '사람의 마음'을 얻는 것에서 시작됨을 보여주는 살아 있는 교과서다.

생존 키워드

- 현대적으로 재해석된 상인 정신
- 사람이 곧 최고의 자산
- 비자원 분야의 뚝심과 선견지명

기업 정보

창립	1949년 12월 1일
본사	일본 오사카부 오사카시 기타구 우메다 일본 도쿄도 미나토구 기타아오야마
글로벌	국내 7개 지사, 해외 87개 지사
매출액	12조 2,933억 엔(연결), 영업이익 5,825억 엔(2022년 3월)
직원 수	113,733명(연결), 4,190명(단독) 2022년 3월 기준
주식	TSE 프라임(8001), NASDAQ(ITOCY)
사업 내용	섬유, 기기, 금속, 에너지, 화학, 식품, 생활 소재, 정보통신, 보험, 물류, 건설, 금융 등
브랜드	Dole 인터내셔널(바나나), 패밀리마트(편의점), 에드윈, 헤드, 데상트(의류), 센추리21(부동산)
슬로건	한 상인, 무한한 사명 (한 사람의 진심과 열정이 세상을 바꾸는 무한한 사업 기회로 이어진다는 의미)

다이킨
하나의 선행이 수만 가지 이익으로 돌아온다

기후 온난화로 점점 더워지는 여름, 시원하고 적당한 습도의 공기는 기분마저 상쾌하게 해준다. 리모콘 하나로 간단히 더위를 피할 수 있던 나의 일상 속 쾌적한 공기는 이제 선택이 아닌 피할 수 없는 일상이 되고, 생존의 문제가 되었다. 이 피할 수 없는 현실 속에서, 일본의 한 기업이 아프리카의 폭염을 잡고 세계의 공기를 바꾸는 거대한 도전에 나서고 있다. 그들의 경영 철학 '시일득만(施一得萬)', 하나의 선행은 수만 가지 이익으로 돌아온다는 믿음은 어떻게 비즈니스가 되었을까?

다이킨의 창업자 야마다 아키라는 기술자의 심장을 가진 사무라이였다. 이 사무라이는 전쟁이 시작되자 오사카 포병대에 입대, 11년 동안 일본 군사 무기공장에서 최신 기술을 배우게 되었다. 이후 그는 식기용 무독성 도료를 만들고, 카트리지 케이스 디자인의 수치화에 성공하는 등의 기술에 꽤 소질을 보여 동양동판주식회사(東洋鑛伸銅株式会社)로 이직하게 되었다. 이 군수 공장에서 비행기 부품을 만들며 최신 금속 가공 기술을 익힌 그는, 1924년 오사카금속공업소(다이킨의 전신)를 설립한다. 창업 초기, 그의 주력사업은 항공기용 라디에이터 튜브와 같은 초정밀 금속 부품이었다.

그의 운명을 바꾼 것은 하나의 결정이었다. 야마다는 자신의 정밀 가공 기술을 응용하여, 당시 미지의 영역이던 불소 화합물(냉매) 연구에 뛰어들었다. 이는 미래의 '공기'를 지배하기 위한 담대한 첫걸음이었다. 수많은 시행착오 끝에 1951년, 다이킨은 일본 최초의 패키지 에어컨 '미후지레이터'를 개발하며 공조 기업으로서의 역사를 시작했다. 사무라이의 정밀함이 비로소 '공기'를 만나는 순간이었다.

위기는 최고의 스승, 기술로 돌파하다

다이킨의 역사는 위기 극복의 역사였다. 패전 후의 혼란, 오일쇼크, 일본 버블 붕괴 등 숱한 위기 속에서 다이킨이 꺼내 든 무기는 언제나 '압도적인 기술력'이었다. 그들의 위기 돌파 전략은 위기를 거치며 더욱 정교하게 진화했다.

■ **첫 번째 위기 돌파 전략**(에너지 위기→인버터 혁명): 1970년대 오

일쇼크가 전 세계를 강타하자, 다이킨은 에너지 효율에 주목했다. 1979년 기술 센터를 신설하며 기술에 대한 투자를 본격화했고, 그 결실은 1980년대 세계 최초의 에어컨용 인버터 기술 상용화로 나타났다. 이는 모터의 회전 속도를 조절해 전력 소비를 획기적으로 줄이는 기술로, '에어컨은 전기 먹는 하마'라는 공식을 깨뜨린 1차 기술 혁명이었다.

- **두 번째 위기 돌파 전략**(내수 침체→글로벌 영토 확장): 1990년대 일본의 거품 경제가 붕괴되고 내수 시장이 얼어붙자, 다이킨은 잘 벼려진 '인버터 기술'이라는 칼을 들고 세계로 눈을 돌렸다. 일본 내수에만 머무르지 않고 글로벌 시장으로 진출하며 새로운 성장 동력을 확보했다.

- **세 번째 위기 돌파 전략**(글로벌 위기→친환경 기술 표준 선점): 2008년 글로벌 금융 위기와 함께 기후변화가 세계적인 화두가 되자, 다이킨은 더 근본적인 가치에 집중했다. 저가 경쟁이 아닌, 지구 환경에 기여하는 압도적인 퀄리티로 승부하기로 한 것이다. 그 결과물이 바로 기존 냉매보다 온난화 지수가 3분의 1에 불과한 차세대 친환경 냉매 'R-32'의 개발이었다. 여기서 그들의 철학

'시일득만(施一得萬)'이 빛을 발한다. 다이킨은 R-32 관련 기본 특허 93건을 개발도상국에 무상으로 개방했다. 당장 특허료 수입보다 전 지구적 환경 문제 해결에 기여함으로써, 장기적으로 친환경 공조 시장의 표준을 선점하는 더 큰 이익을 내다본 것이다.

- **네 번째 위기 돌파 전략**(새로운 시대→현지화 M&A 전략): 2011년 동일본 대지진 이후, 다이킨의 세계화 전략은 한 단계 더 진화했다. 단순히 제품을 수출하는 것을 넘어, 현지 유력 기업들을 과감히 인수 합병(M&A)하며 현지 시장에 완벽히 뿌리내리는 전략을 구사했다. 이를 통해 신흥국 시장의 수요에 가장 최적화된 공조 시스템을 공급하며 세계 곳곳으로 영토를 넓혔다.

이러한 단계적인 기술 및 전략적 리더십 덕분에, 일본 경제가 '잃어버린 30년'을 헤맬 때도 다이킨의 매출은 오히려 8배 이상 성장하는 기염을 토했다. 현재 전체 매출의 84%가 해외에서 발생하며, 카타르 월드컵 경기장부터 영국 웨스트민스터 사원까지 세계 곳곳에 쾌적하고 지속 가능한 공기를 공급하고 있다.

아수라장이 인재를 키운다

다이킨 경쟁력의 가장 깊은 원천은 기술 이전에 '사람'이다. '기업 경쟁력의 원천은 사람'이라는 신념 아래, 다이킨은 독특한 인재 육성 철학을 고수한다. 그 핵심에는 '아수라장(阿修羅場)이 사람을 키운다'는 역설적인 구호가 있다. '아수라장'이란 생사가 오가는 치열한 싸움터를 뜻하는 말로, 다이킨에서는 실패를 두려워하지 않고 높은 목표에 도전하는 고난도의 프로젝트를 의미한다. 이 '아수라장'에 던져진 직원들은 자신의 한계를 시험하며 폭발적으로 성장한다.

이를 뒷받침하는 제도가 바로 '코어 퍼슨(Core Person)' 제도다. 나이, 직급과 상관없이 해당 프로젝트에 가장 적합한 인물을 중심(Core)에 놓고, 나머지 인원들이 그를 지원하는 수평적 협력 체계다. 또한, 체계적인 교육과 현장 중심 훈련을 결합하여 이론과 실전을 겸비한 인재를 키워낸다.

기술 선발형 육성 프로그램의 경우, 글로벌 각지에서 모여 본사의 업무 스타일을 실제로 체험하고, 해당 마켓 및 본인의 성공 사례, 그리고 회사가 추구하는 방향성 등에 대해 발표하고, 나아갈 방향을 제시하고 토론하여 선발한다. 이는 글로벌을 중심으로 사업을 하는 다이킨의 임직원들이 다양한 인사이트를 갖고 창의적으로 생각할 수 있도록 이끌어주고 있다.

시일득만, 아프리카에 스며들다

이러한 다이킨의 철학이 집약된 최신 도전 무대는 바로 아프리카다. 아프리카 전체의 에어컨 보급률이 얼마나 될 것 같은가? 그 큰 대륙의 9%에 불과한데, 에어컨이 있어도 너무 더워서 냉방이나 공기 순환이 제대로 되지 않는 좀비 에어컨이 대부분이다. 높은 초기 비용이 가장 큰 장벽이었다.

이에 다이킨은 탄자니아에서 제품을 파는 대신 '에어컨 구독서비스'를 시작했다. 이는 저렴한 설치비와 월 구독료만 내면 고효율 에어컨을 사용할 수 있고, 고장 시 수리까지 보장받는다. 이는 당장의 판매 수익을 포기하더라도,

장기적으로 시장을 창출하고 브랜드 신뢰를 쌓으며, 무엇보다 현지인의 삶의 질을 개선하겠다는 '시일득만' 철학의 완벽한 실천이다. 하나의 선행이 훗날 수만 명의 잠재 고객과 거대한 시장으로 돌아올 것이라는 믿음이다.

다이킨의 이야기는 보여준다. 위기를 기회로 바꾸는 힘은 기술에서 나오고, 기술은 사람에 대한 믿음에서 자라나며, 그 모든 것을 이끄는 것은 세상을 향한 선한 철학이라는 것을. 다이킨이 일으키는 쾌적한 바람이 아프리카를 넘어 세상의 공기를 어떻게 바꾸어 나갈지 기대된다.

생존 키워드
▪ 시일득만(施一得萬)의 기술 리더십
▪ 아수라장(阿修羅場)식 인재 경영
▪ 판매가 아닌 가치를 구독시키는 시장 창출

기업 정보	
창립	1934년 2월 11일
본사	오사카시 기타구 우메다 트윈타워스사우스
글로벌	349개 사(국내 31개 사, 해외 318개 사)
매출액	4조 3,953억 엔(연결, 2024년 3월)
영업이익	2,603억 1,100만엔(연결, 2024년 3월)
직원 수	98,162명(국내 7,654명)
주식	도쿄 프라임, NYSE
사업 내용	제조업
주요 사업	공조, 냉동기, 화학, 유기, 특수제품의 제조판매
슬로건	공기로 답을 하는 회사(공기로 답을 찾는다)

5장

지역 사회와 기술을 연결한 사회적 가치의 힘

코마츠 제작소
시골 마을의 약속, 세계를 재건하다

> 기술 강국 일본의 심장부가 도쿄나 오사카가 아닌, 이시카와현의 어딘지도 모를 작은 시골 마을 '코마츠'시라면 믿을 수 있겠는가? 놀랍게도, 한 세기 전 이 작은 마을에서 시작된 약속이 현재의 기술 강국 일본의 토대를 만들었다. 건설기계, 농기계, 닛산자동차, 그리고 와세다대학 이공대학의 토대, 심지어 전쟁의 흔적으로 고통받는 지뢰 찾기 기계까지 낯선 코마츠 제작소에 대해 샅샅이 파헤쳐보자.

1917년, 이곳에서 한 남자가 광산업을 시작했다. 그의 이름은 다케우치 메이타로. 그는 유우센지 구리광산을 중심으로 광산업을 펼치며 지역 사회를 일으키기 시작했다. 광산업은 수천 명이 동원되는 큰 규모의 사업이기 때문에, 광산업 종사자들을 위한 병원, 학교, 우체국, 음식점 등 거의 하나의 마을을 형성하였다. 광산업의 흥망성쇠는 종사자들의 흥망성쇠와 같았다. 그리고 결국 광산업은 영원하지 않았다. 그렇다면 광산이 폐광되면 마을은 어떻게 될까? 다케우치 메이타로는 고민했다.

"광산이 폐광된 후에도 지역 사회가 폐허가 되지 않도록 공업을 일으켜야 한다!"

그렇게 1921년, 코마츠 제작소가 탄생하였다. 초기에는 광산 기계 및 공작기계의 제조에 집중했으며, 1931년 일본 정부의 농업 기계화 요청에 따라 일본 최초의 크롤러 트랙터를 출시하며 사업을 확장하였다. 제2차대전 이후 식량 증산을 위한 개척 및 국토 재건의 수요로 불도저를 양산, 유압 굴삭기, 지게차, 덤프트럭 등을 개발, 사업을 확장해 성장했다.

폐광에서 싹튼 위대한 약속

창업자 다케우치 메이타로는 기업의 이익 추구보다 '다 함께 살기 좋은 나라'를 만드는 것이 목표였다. 왜 그랬을까? 그가 지내 온 시대는 1차 세계대전, 스페인 독감, 경제 공황, 도쿄 대지진 등 격동의 시기를 겪었던 때였고, 당시 국가는 너무 빈곤하고 나약했기 때문에 전후 국가의 재건과 발전에 이바지하고자 했다. 그가 설립한 가라츠 프레시

전(가라츠 철공소, Karatsu Precision Iron Works) 일본의 초기 공업화에 중요한 역할을 하였고, 정밀 기계 제조업체로서 성장했다. 일본 최초의 자동차 제조사 중 하나인 카이진샤(Kwaishinsha), 현재의 닛산자동차에 투자하며 산업 발전을 도모한다.

그는 교육에도 상당한 지원을 아끼지 않았다. 기술 교육이 곧 나라의 부국을 위한 길이라는 생각으로 고치현에 고치공업고등학교를 설립하였다. 지역의 젊은 인재들에게 기술 교육을 제공하기 위한 목적으로 고등교육에 대한 지원도 아끼지 않았는데, 이에 와세다대학의 이공학부 설립에도 아낌없이 지원하게 된다. 그래서 일본에서는 다케우치 메이타로를 '와세다대학 이공대학의 아버지'라고 칭하고 있다.

또한 회사의 연구자들을 이공학부 교수로 보내는 등 학문적 지원을 아끼지 않았고, 일본의 과학 기술 발전에도 큰 영향을 미쳤다. 일본의 공업 발전에 많은 역할을 한 공헌으로, 이시카와현 코마츠시의 유우센지 동산에는 기념비는 물론, 다케우치 메이타로 동상이 세워져 있다.

시대를 앞선 무기, 콤트랙스

　1990년대, 아직 IoT라는 용어조차 없던 시기에 코마츠 제작소는 이미 미래를 보고 있었다는 듯, 건설기계에 통신 장비를 부착하였다. GPS를 통해 위치 정보와 기계 상태를 실시간으로 전송하는 '콤트랙스(Komtrax) 시스템'을 개발하고 1997년에 특허를 출원했다. 이 시스템은 고장 진단, 도난 방지에도 사용되지만, 부품 교환 시기를 예측하여, 부품으로 인한 공사 중단을 최소화하였다. 코마츠 제작소와 같은 건설기계는 경기 변동, 특히 건설업의 경기에 따라 크게 영향을 받는 사업구조다. 회사는 이를 가장 큰 숙제라고 생각했으며, 시장 변화에 따른 적시 생산 및 조달을 통해 손실을 최소화하고자 했다.

　"이 시스템은 고장 진단, 도난 방지뿐만 아니라 부품 교환 시기를 예측하여 공사 현장의 중단을 최소화할 수 있다!" 코마츠 제작소는 국제적으로 통일된 콤트랙스 시스템을 표준 장비로 채택하고, 전 세계의 정보를 수집하여 생산 및 개발 계획에 활용하고 있다. 엔진, 트랜스미션, 유압

기기, 엑셀, 컨트롤러 등의 전자 제어 부품 역시 자사 제품으로 적시적기에 조달할 수 있기 때문에, 부품 부족 문제 또한 해결할 수 있었다. 이를 기반으로 건설 현장 워크 플로우를 원활하게 DX화 하여, 컴커넥트(comConnect)로 건설 현장의 스마트화를 이뤄냈다.

또한 이를 바탕으로 어스브레인(Earthbrain)이라는 회사를 설립해 스마트 건설 분야로 확장 중이다. 이는 현장 파악을 통해 효율화뿐만 아니라, 새로운 인사이트 및 대책을 세울 수 있다는 장점이 있다. 이는 곧, 경제 상황의 변동을 극복하고 이익을 창출하는 가치를 제공하려고 한다는 점에 주목해야 한다. 전통적인 제조업이나 변화가 많지 않은 산업일수록, 코마츠 제작소의 새로운 혁신을 벤치마킹할 필요가 있다.

현재 코마츠 제작소는 건설기계가 92.8%, 리테일 파이낸스 1.9%, 산업기기 등 기타가 5.3%로 매출이 구성되어 있으며, 토목, 임산, 광산, 농업, 건설, 리사이클, 물류 등으로 확장하고 있다. 또한, 반도체 제조설비인 엑시마 레이저는 그룹 회사 기가포톤(도치키현 오야마시 위치)에서 개발하여 현재 글로벌 톱 메이커가 되었다. 이 외에도 반도체 프레스

기계 및 자동차 제조설비 기계도 만들고 있다.

이에 코마츠 제작소의 매출은 중국의 영향으로 2000년대에 이미 매출 1조 엔이 넘었으며, 2024년 3월 결산 보고에 의하면 창업 이래 최대 실적을 냈다. 매출액 3조 5,435억 엔, 순이익 4,907억 엔으로, 매출은 10%, 영업이익은 30.8%, 순이익은 31.2%가 증가했다. 북미, 구주, 일본 등의 전통시장 매출이 46%, 아프리카, 중동, 오세아니아, 아시아, 중남미, CIS, 중국 등의 전략 시장 매출이 54%이다.

이러한 코마츠 제작소의 장점은 첫째. 꾸준한 기술 혁신, 둘째. 전 세계에 동일 부품을 제공하여 안정성 유지, 셋째. 부품의 재생 사업, 넷째. 생산 센터에서 정보를 해석해 DB화하여 보전하고 있다. 이는 제품의 라이프사이클에 대해 안심할 수 있도록 지원하는 데 있으며, 메인터넌스를 포함한 장기 보장 계약이 증가 추이를 보인다는 점에서도 알 수 있다. 이러한 견고한 매출 및 창업정신에 따른 건실한 경영으로 인해, 투자자들에게 각광 받는 회사이다.

또한, 혼다와 손잡고 전기 배터리도 개발하고 있다. 이에 코마츠 제작소는 기계의 자동화 및 효율화, 최적화 서비스를 목표로 한다. 게다가 지구에서의 기술을 바탕으로 우주 무인 건설 혁신 기술 개발 프로젝트인 '스타더스트 프로젝트'를 시작하였다. 이 프로젝트는 달의 표면에서 사용이 가능한 건설기계를 만들기 위해, 전기동력 및 수소에너지 등을 활용, 가상 엔지니어링 기술로 계산하고 재현하고 있다.

압도적 가치, '단토츠' 성장전략

창업자의 정신을 이어받아 인재를 육성하고, 고객과 성실하게 대면하면서 가치 창출에 힘쓰고 있다. 위에서 언급했듯이 코마츠 제작소의 창업자인 다케우치 메이타로는 설립 초기부터 인재 육성을 매우 중요하게 여겼다. 공업고교 및 와세다 대학 이공학부를 설립한 창업자의 신념은 오늘날까지 이어지고 있는데, 코마츠 제작소의 발생지인 이시카와현에는 일반인이나 아이들이 건설기계를 쉽게 이해할 수 있도록, 건설기계 그리기 그랑프리, 체험관 등을 실시하고 있으며, 어린이용 웹사이트인 켄켄킷키에서는 미니게임을 통해 기계의 작동에 대해 쉽게 알 수 있도록 교육한다. 이처럼 다양한 교육 프로그램과 현장 기술 체험

교육을 통해 인재를 지속적으로 양성하고 있다.

글로벌 각국에 거점을 둔 코마츠 제작소는 현지화를 강조하면서도 본사와의 일관된 소통과 협력을 중시하기 때문에, '브릿지 인재'라는 개념을 도입, 문화적 이해와 기술적 역량을 갖춘 각국의 인재와 본사의 가교역할을 수행하도록 하였다. 코마츠 제작소는 '단토츠 가치(Dantotsu value, 수익향상과 ESG 과제해결의 선순환을 창출하는 고객가치의 창조)'라는 중기 경영 계획을 통해 혁신적인 기술 개발과 인재 관리에 집중하고 있으며, 직원들의 장기적인 참여와 헌신을 촉진하는 프로그램도 운영하고 있다.

단토츠, 압도적 1위의 가치, 어떤 분야에서 경쟁자를 크게 앞지르거나 독보적인 성과를 내는 '단토츠 가치'란 코마츠 제작소의 성장전략이자, 지속 가능 전략이다.

첫째, 이노베이션에 따른 성장의 가속인데, 기술 혁신을 통해 회사의 성장도 함께 도모한다. 카본 뉴트럴을 위해 미국의 배터리 솔루션 기업 ABS(American Battery Solutions Inc.)를 2023년에 인수, 4가지 기종에 전기동력을 도입했다. 또한 노동력 부족 문제 해결을 위해 각 프로세스를 디지털화해서 DX를 진행 중이며, 이는 호주, 북미, 동남아시아 등에도 도입 중이다.

둘째, 자연순환 에너지 등 환경 의식의 증가로 인해 플라스틱을 대체하는 펄프나 종이 재료로서 나무의 수요가 증가하고 있는 만큼, 임업 기계 사업은 점점 중요한 산업이 되어가고 있다는 것을 인지, 산림 보호를 위한 모니터링 솔루션을 도입했다. 나무를 벌채한 자리에 다시 식목하는 기계를 개발하여 도입, 자연의 순환 사이클이 진행될 수 있도록 하며, 브라질에서 실사용되고 있다.

마지막으로, 생산의 크로스 소싱을 강화, 리스크 매니지먼트 체제의 강화 및 사원 인게이지먼트 등 회복탄력성이 있는 기업 본질을 구축하기 위해 노력하고 있다. 각 생산 거점에서의 소싱을 강화해서 환경오염을 최대한 줄이려고 노력하고 있다.

기술의 귀결, 지뢰밭을 희망의 땅으로

전쟁이 끝난 현재에도 여전히 대인지뢰는 1억 개 이상 묻혀있고, 지금도 그 희생자가 발생하고 있다. 지뢰 제거는 보통 사람이 일일이 땅에 탐지기를 대고 찾아서 해체하는 작업으로 이루어진다. 이는 시간도 걸리지만 자칫 잘못하면 생명을 담보로 하는 상당히 위험한 일이다. 캄보디아는 연간 수백 명의 인원이 대인지뢰로 인해 희생자가 발생하고 있었다.

코마츠 제작소는 일본 정부와 함께, 2008년 NPO 단체인 JMAS와 CMAC(캄보디아 지뢰 제거 센터)의 협조 아래 지뢰 제거 및 복구 사업을 시작했다. 이를 위해 코마츠 제작소는 지뢰 제거기를 따로 만들었는데, 이는 사람보다 25~50배 이상 빠른 작업을 진행할 수 있었다. 약 3,578개의 지뢰를 제거한 땅에는 불도저나 롤러 등의 산업기계로 농업용 땅 개간 작업 및 도로 정비 사업 등을 진행하였다. 14년 동안 3,400 헥타르 이상 안전한 토지로 전환하여 48헥타르는 농지로 개간하였고, 95킬로미터 이상의 도로 정비, 10개의 소학교를 세워 매년 700명 이상의 사람들이 교육받게 되었다.

2016년에는 미얀마 라오스 지역으로 확장하여, 8천 개 이상 매설된 클러스터 지뢰 제거 작업을 진행하고 있다. 그중 5,500개 이상의 지뢰를 처리하여 바나나 농장으로 만들고, 초등학교도 건설하고 있다.

코마츠 제작소는 지속 가능성 목표(SDGs)를 중요 경영 전략으로 삼고, 친환경 기술 개발에 힘쓰고 있다. 2030년까지 탄소 배출을 50% 줄이고, 2050년까지 100% 감소시키는 목표를 설정해 카본 뉴트럴을 향한 제품 개발 로드맵을 추진하고 있다. 또한, 코마츠 제작소는 스마트 건설(Smart Construction)과 자율화 기술을 도입해 건설 현장과 산업 현장의 효율성을 높이고 있으며, 이러한 기술은 호주, 북미 등 다양한 시장에 도입되고 있다. 코마츠 제작소는 환경과 사회적 가치를 중심으로 성장전략을 수립해, ESG 목표와 관련된 15개의 SDGs를 선정해 이에 따른 KPI를 관리하고 있다.

코마츠 제작소는 글로벌 2위의 건설기계 업체로 성장했다. 꾸준한 기술 혁신, 이를 통한 안정적인 부품 공급과 재생 사업, 제품 라이프사이클 관리와 고객 지원, 이 모든 것은 창업자의 정신과 미래를 향한 비전이 있었기에 가능했다. 또한 코마츠 제작소의 이야기는 작은 마을에서 시작된 한 기업이 어떻게 세계적인 영향력을 가지게 되었는지를 보여준다. 그들의 혁신과 사회적 책임 실천은 우리에게 많은 영감을 준다.

생존 키워드
■ 백년대계를 그리는 약속의 철학, 노블리스 오블리제 경영
■ 데이터를 지배하는 자가 산업을 지배한다
■ 기술의 최종 목적지는 인류애

기업 정보	
창립	1921년 5월 13일(1894년 창업)/전신은 코마츠 철공소(1917년)
본사	도쿄도 미나토구 아카사카(이시카와현 코마츠시)
글로벌	211개(국내 12, 해외 199)
매출액	3조 5,435억 엔(연결, 2001년보다 3배 이상 성장)
영업이익	4,907억 엔(연결, 연결 영업이익율 13.8%)
직원 수	62,774명(68%가 외국 국적의 글로벌 기업)
주식	도쿄 프라임
사업 내용	기계
주요 사업	건설기계·차량, 산업기계 등등의 사업을 중심으로 리테일 파이낸스·물류 등의 사업을 전개
슬로건	사람, 사회, 지구가 함께 번영하는 미래를 열어 간다

니토리
파산 직전에서 역전 만루홈런

니토리는 예쁘게 꾸민 집이나 수납 정리함의 시스템 가구가 주요 상품이 길래 부동산 모델하우스 회사인가 했다. 그런데 이 기업이 '일본의 이케아'로 불리며, 일본 내 이케아보다 훨씬 더 많은 매출을 기록하고 있다는 것을 아는가? 심지어, 만년 꼴찌만 하던 창업자가 파산 일보 직전에서 역전 만루홈런을 친 기업. 위기를 기회로, 기회를 도약의 발판을 넘어 최고의 기업이 될 때까지 한 편의 영화를 보는 것 같은 니토리의 이야기를 살펴보자.

니토리의 창업자인 니토리 아키오는 1944년 만주 사할린에서 태어났다. 3살 때 홋카이도의 삿포로로 돌아왔다. 당시 일본은 전쟁의 여파로 모두가 어려운 시절이기도 했고, 니토리 가족도 경제적인 어려움을 겪은 건 매한가지였다. 게다가 니토리는 학업능력이 떨어지는 아이였다. 중학교에 들어가서도 자기 이름을 못 쓰는 등, 집중력이 1분 이상 넘지 않았다. 또 학교에서는 암거래하는 집으로 알려져 가난하면서 성적도 최하위인 아이로 자주 따돌림을 당했었다. 게다가 니토리 부모님의 교육방침은 상당히 엄했는

데, 감기에 걸려 열이 나도 쌀 배달을 해야 했다. 조금이라도 게으름을 피우면 매를 맞았고, 매를 못 견뎌 기절한 적도 있었다.

하루는 암거래한 쌀을 배달하던 중, 동급생에게 걸려 자전거 채로 강물에 빠지는 사건이 발생했다. 물에 빠진 생쥐 꼴로 집에 돌아가자, 어머니는 "더 열심히 살아보자"라며 강에 떨어진 쌀을 주어오라고 다시 돌려보내 흙투성이 된 쌀을 주워와서 먹기도 했다.

그런데 집에서 쌀을 팔았던 덕에 주판(나무로 된 고전 계산기)에는 아주 능하였다. 성적이 좋지 않아 고등학교 진학이 힘들 것 같던 그는, 우연히 쌀 배달을 하는 고객 중에 공업고등학교 교장 선생님이 있다는 것을 알게 되었다. 그래서 한밤중에 무리하게 쌀 한 가마니를 가져가서 그 집에 놔두고 고등학교 입학을 청탁하였다.

그는 싸움을 잘하기 위해 권투를 배우는가 하면, 시험 감독 선생님께 들키지 않게 커닝하기도 했고(니토리 자신은 커닝의 고수라며 어느 인터뷰에서 밝히기도 했다), 단기대학을 졸업하고 유명 사립대학교 편입을 준비하여, 삿포로대학 경제학부에 기적적으로 합격하였다.

그러나 여전히 공부에는 관심이 없었기 때문에, 사채 회수 등의 아르바이트를 하거나 공연장에서 가수로 노래를 부르기도 하고, 파친코나 당구로 돈을 벌기도 했다. 결국, 졸업 후 취업이 안 되어 아버지 회사에서 다시 일하게 되었다. 그렇지만 어린 시절과 마찬가지로 아버지는 아파도 쉬지 못하게 하는 등 엄하게 대했고, 그는 도망치듯 광고회사에 취업하게 되었다. 광고회사에 다니면서도 대인 공포증으로 인해 영업실적을 올리지 못해 6개월 만에 해고되어, 다시 아버지 회사로 돌아갈 수밖에 없었다. 그러나, 이번에는 화재를 일으켜 아버지 회사에서조차 해고당하게 된다. 이런 시절을 겪고 회사를 창업한 니토리 아키오는 현재 일본 내 부호 순위 5위이다.

남들이 하지 않는 일을 찾아라

그는 어떤 일도 제대로 해내지 못하는 자신이 잘할 수 있는 것이 무엇인지를 고민하던 중, 남들이 하지 않는 걸 찾는 길밖에는 없다고 생각했다. 23세 되던 해, 전쟁 후 가구의 수요가 높음에도 불구하고 주변에 가구점이 없는 것을 발견하고, 가족에게 100만 엔을 빌려 가구점을 시작했다. 이것이 니토리의 시작이었다.

창업 초기 이름은 '니토리 가구도매센터 북지점'이었다. 센터만 붙이면 규모가 큰 회사로 보여 저렴하다는 느낌의 '도매'와 본점이 있을 것 같은 '북지점'을 붙여서 작명하였다고 한다. 초기에는 가구상과의 계약이 힘들었는데, 계약이라도 되면 판매(접객)에도 애를 먹었다. 때마침 아내가 영업을 상당히 잘하는 것을 발견하고는 영업 전담을 맡기고, 본인은 가구를 구매하는 일에 전념하였다. 이런 경험을 바탕으로 본인이 못하는 것은 다른 사람의 도움을 받는 것, 즉 분업이 곧 경영이라는 것을 깨달았다.

분업이 곧 경영

가구점은 점점 커져 2호점을 내기에 이른다. 다만, 꿀이 있다는 소문이 나면 벌떼가 몰려오듯, 바로 옆에 대기업 유명 가구점이 생기면서 니토리는 파산 직전까지 내몰린다. 매일 힘들어 자살까지 생각하는 정도였지만, 때마침 가구 업계를 대상으로 한 미국에서의 세미나 연수가 있다는 소식을 듣고, 죽기 전에 세상 구경이나 하자는 심정으로 떠난 미국에서, 니토리 아키오는 인생을 뒤바꿀 충격적인 광경을 목격한다. 당시 미국에서는 가격을 낮추기 위해 디자인을 통일하여 대량으로 생산하는 체인점 비즈니스를 하고 있었다. 이에 그는 일본에도 좋은 가구를 저렴한 가격에 살 수 있다면 좋겠다는 벅찬 마음으로 다시 한번 힘을 내보는 계기가 되었다. 당시 일본의 가구는 소량 제작이 기준이고 가격이 높았기 때문에, 쉽게 살 수 있는 소모품은 아니었다고 한다.

체인점을 만들기 위해 니토리는 '일본인들에게도 이 풍요로운 생활을 안겨주고 싶다'라는 사명감으로 그의 가슴속에 거대한 '로망(꿈)'이 피어올랐다. 그는 일본으로 돌아와 파산 직전의 가게를 살리기 위한 처절한 싸움을 시작했다. 은행과 지주들을 설득하여, 경영난에도 불구하고 3호점을 오픈했다. 당시 저비용으로 돔 형태의 점포를 만들었는데, 오픈 전날의 폭설로 돔이 주저앉아 버려 가구의 대부분이 손상되었다. 그러나, 니토리는 위기를 기회로 바꾼다. 행사를 '오픈 기념 대행사! 비품, 스크래치 제품 대할인!'으로 바꿔 파격적인 가격으로 흥행에 성공한다. 이를 기점으로 손실을 만회하고 새로운 가구를 사들일 수 있는 기회가 되었다.

니토리의 성공 5원칙

니토리의 성공 방정식은 단순하다. 바로 회사의 슬로건인 '오, 가격 그 이상!(お、ねだん以上!)'이라는 가치를 고객에게 제공하는 것이다. 이는 단순히 싸기만 한 것이 아니라, 가격 대비 월등히 뛰어난 품질과 디자인을 의미한다. SPA 모델을 통해 이 약속을 지켜낸 니토리는 가구 시장을 완전히 정복했다.

창업자 니토리는 로망, 비전, 의욕, 집념, 호기심을 계속 강조하며 성공의 5원칙으로 불렀다. 특히 로망(꿈)과 비전(계획)을 강조하며 이것이 없다면 인생은 끝이라고 말했다.

니토리의 성공 5원칙은 다음과 같이 전개된다. 도산 직전에 아무 희망도 없이 미국에 갔지만, 그곳에서 미국의 가구 문화를 일본에 실현하겠다는 로망이 시작되었다. 그것으로부터 구체적인 장기적 미래 목표의 '비전'을 세웠다. 로망을 구체화하는, '100개의 점포, 매출 1,000억 엔, 이익 100억 엔'이라는 목표를 설정하였고, 현재는 이를 넘어섰다. 처음에 이 목표를 세울 때는, 얼마 전까지만 해도 도산할 회사를 갖고 있던 사람에게는 다소 황당한 숫자라고 할 수 있겠으나, 그만큼 큰 로망과 확실한 비전을 갖고 있어야 한다. 또한 그 크기만큼의 리스크를 감수할 수 있는 '의욕', 그리고 그것을 달성할 때까지 포기하지 않는 '집념', 계속 새로운 걸 발견하고 도전하고 해결하려는 '호기심'으로 성장하는 자세를 갖는다면, 그 어떤 것이라도 이뤄내지 못할 것은 없다.

사실, 목표와 비전을 크게 갖는 것은 누구라도 할 수 있지만, 그만큼의 리스크가 발생하면 금방 포기하고 싶어지기도 한다. 또 어느 정도의 성장을 이룬 후에는 도전이나 새로운 것에 대한 흥미를 잃고, 단지 지키고 싶어만 한다. 성공을 위해서는 실행력과 꺾이지 않는 마음이 중요하다는 것을 다시 한번 일깨워주는 대목이다.

다수 정예의 스페셜리스트

나날이 니토리 가구점이 성장하던 시기, 그는 20명의 사원 중 15명이 가구 구입 시 거래처에서 뒷돈을 받거나 가격을 올려받는 등의 비리를 저지른 것을 발견하였다. 이에 전원 해고하고 남은 5명만으로는 이끌어갈 수 없다고 판단하여 좋은 인재를 뽑기 위해 신입사원을 채용했다. 적은 인원으로 저임금 중노동의 가구점 일은 채용해도 중도에 그만두는 직원이 많을 수밖에 없었다. 이에 니토리 창업자는 혼슈(도쿄 등) 지역 및 인구가 많고 대학이 몰려있는 곳에서 직접 채용하였고, 이때 현재 2대 사장이 된 시로이를 채용하는 등 좋은 인재를 모으는 데 성공한다.

니토리 창업자는 채용할 때, 항상 회사의 로망과 비전을 전 사원에게 직접 공유한다. 또한 현장에서의 경험을 중요시하여 초기에는 매장 판매부터 업무를 배우게 한다. 현장의 업무를 경험해야지만 이후 기획이나 디자인 부서 등으로 이동하여 더 크게 활약할 수 있다는 것이다. 직원들이 회사의 다양한 측면을 이해하고 다재다능한 인재로 성장할 수 있도록 하는 정책이기도 하다.

실제로 일본의 최고 대학인 도쿄대학교 졸업자라도, 신입으로 입사하면 매장 판매 및 진열부터 시작한다. 오래된 파트 사원이 일에 훨씬 더 능숙하기에, 당연히 꾸지람도 들어 기가 죽는 사원들도 있다. 그럼에도 불구하고 주식회사 니토리는 문과계 학생들로부터 가고 싶은 회사 1위로 매년 선정된다. 그 이유는 업적이 좋고 실력이 있는 직원들에게는 높은 보상을 제공하기 때문이다.

또한 폭넓은 사업영역 아래 2~3년마다 다양한 직종을 경험해가는 '직무이동 교육'에 의해 인적 자원의 다양성을 넓히고, 그 과정에서 개개인이 되고 싶은 모습을 뒷받침해 나갈 수 있다. 이런 '탤런트 매니지먼트 시스템'을 도입하여 커리어에 맞는 직무를 찾을 수 있는 교육과 설계를 지원하고 있다.

한편, 직원들에게 "단점이 있는 것을 기뻐하고, 장점이 없는 것을 슬퍼하라"라고 독려한다. 단점을 신경 쓰지 말고 장점으로 바꾸는 긍정적인 마인드를 강조한다. 직원들이 아이디어를 제안하고 주도적으로 행동할 수 있도록 '100배의 발상'이라는 큰 비전도 제시하고 공유한다. 이를 통해 모든 직원이 회사의 로망과 비전에 공감할 수 있도록 노력하는 것이다.

발전소가 된 가구 회사

오늘날 니토리의 로망은 가구를 넘어 지구를 향하고 있다. 겉으로는 평범한 가구 쇼핑몰로 보이지만, 옥상에 태양광 패널을 설치하여 매장의 전기를 충당하고 있다. 발전소라고 불리는 이유는, 생산된 잉여 전기를 인근의 패널을 설치하지 않은 매장으로 전달할 수 있기 때문이다. 니토리는 2030년까지 국내 180여 개의 매장 및 공장의 지붕에 태양광 패널을 설치하여, 국내 800여 개 이상의 매장 대부분의 전력을 자체적으로 충당할 계획을 세우고 있다. 니토리 발전소는 일반 가정 2만 3천 가구가 쓸 수 있을 정도의 전력을 생산하고 있다. 이는 탄소배출량을 연간 5만 톤 정도 줄일 수 있고, 연간 12억 엔의 전기료 절감 효과를 누릴 수 있다.

국가 제도를 이용해 재생 가능 에너지를 국내 매장으로

직접 사용할 수 있도록 한 것은 니토리 발전소가 일본 최초로 가능하게 한 것이다. 지금까지 좀처럼 실현되지 못했던 이유는 발전소라는 이름으로 국가에서 지원받는 경우, 그 발전 예측량을 전력회사에 보고할 의무가 있어서다. 그 예측이 많이 벗어나면 패널티가 부과되기 때문에 섣불리 진행하는 회사가 없었다. 태양열, 즉 자연을 상대로 하는 재생 에너지의 발생량을 정확하게 예측하는 것은 상당히 어려운 일이었기 때문이다.

그러나 니토리는 정확한 전력 예측이 가능할 수 있도록 AI 스타트업 에릭(ELIC)과 협력함으로써 현실화시켰다. 기후, 온도, 습도 등의 데이터를 모두 수집하고 AI로 해석한 이후, 더욱 정밀도를 높은 AI 시스템이 다시 해석하는 다중 AI 시스템 구조를 구축한 게 예측 가능성을 높인 비결이라고 말한다.

예를 들어, 예측이 어려운 구름이 많이 낀 날, 구름과 지평선의 높이, 구름의 두께, 태양의 각도 등 수많은 데이터를 모아 AI 분석을 한 이후, 그 분석 결과를 다른 AI가, 그리고 그 결과를 조금 더 정밀도를 높인 AI가 다시 예측하게끔 하여 다중으로 분석한 결과 가장 정밀도가 높은 AI

데이터를 선정하는 것이다. 지금은 AI가 예측한 전력량과 실제 발전량이 98% 이상의 예측 정확도를 보인다. 이로써 니토리 발전소의 가동이 가능하게 되었으며, 니토리는 이를 글로벌로 넓혀 숲이나 논밭을 개간하지 않고 지붕을 이용하여 확산 적용할 계획을 세우고 있다.

또한 자원순환을 위한 리사이클링. 꼭 니토리에서 구매하지 않았어도 커튼이나 이불 등을 무료 회수하고 그것이 어떻게 재활용되는지에 대한 공정을 직원들과 공유한다. 이 외에도 플라스틱병의 재활용 원료를 사용한 카펫 러그 제조, 상품 패키지 다운사이징으로 탄소 배출 감축 등의 다양한 활동 등을 하고 있다. 현장 직원들에게도 이러한 지속 가능성을 실천하는 최전선에 있다는 사실을 항상 교육하고 장려하고 있다.

꼴찌의 문제아에서 일본 최고의 부호가 된 니토리 아키오. 그의 인생은 불가능이란 없다는 것을 증명한다. 하나의 '로망'에서 시작해, 그것을 '비전'으로 만들고, 꺾이지 않는 '집념'으로 실행해 온 그의 이야기는 우리에게 '가격 그 이상'의 깊은 울림을 준다.

생존 키워드
▪ 로망을 비전으로 만드는 집념
▪ 가치의 역전, '가격 그 이상'
▪ 문제를 해결하는 기술적 협력

기업 정보	
창립	1967년 12월 1일
본사	일본 홋카이도 삿포로시. 이외 도쿄 및 오사카에 본부를 두고 있다.
글로벌	총 1,007점포(2024년 3월)(한국은 이마트 내 매장으로 빠르게 진출 중)
매출액	8,957억 엔(연결, 2024년 3월)
직원 수	3,911명(연결), 12,291명(임시고용) 2022년 2월 기준
주식	TSE 프라임(8001), NASDAQ(ITOCY)
사업 내용	가구, 인테리어 용품(홈퍼니싱)의 기획, 제조, 판매사업, 홈 코디네이트, 리폼, 법인 판매, 해외 소싱 사업, 수출무역, 물류, 부동산 디벨로퍼 사업(니토리 몰), 어패럴 사업 등
슬로건	삶의 풍부함을 세계인에게 제공한다

아이리스 오야마
일상의 불편함을 황금으로, 아이디어 제국

> 일본 내에서는 한 번도 이름을 들어보지 못한 사람은 있어도, 이 회사의 제품을 한 번도 써보지 않은 사람은 찾기 힘들다. 우리 삶 곳곳의 '불편함'을 해결하며 연 매출 10조 원을 향해 질주하는 기업. 아버지의 갑작스러운 죽음으로 19세에 직원 5명의 공장을 떠안았던 청년이 어떻게 일본을 대표하는 '아이디어 제국'을 건설했을까?

고등학교를 졸업하자마자 회사를 이어받은 19세의 청년이 있다. 그의 이름은 오야마 켄타로. 영화감독을 꿈꾸던 8남매의 장남은 갑작스러운 아버지의 사망으로 가족의 생계를 책임지게 되고, 회사를 승계받게 된다. 그가 이어받은 회사는 오사카에서 플라스틱을 가공하는 작은 공장, 오야마 블로우 공업소였다. 직원은 고작 5명, 기술도, 자본도, 영업력도 없는 그가 할 수 있는 일은 단 하나, 고객이 만들어 달라는 것은 무엇이든 만드는 것이었다. 하지만 그는 곧 깨달았다. 하청만으로는 미래가 없다는 것을.

"어떻게 하면 우리만의 제품을 만들 수 있을까?"

그는 현장으로 달려갔다. 양식업자들은 바다에 떠다니는 유리 부표가 깨져서 위험하다고 했고, 농부들은 묘종을 담는 나무 상자가 쉽게 썩어버린다고 불평했다. "그렇다! 플라스틱으로 만들면 되잖아!" 그는 깨지지 않는 부표와 썩지 않는 묘종 상자를 개발했고, 이것이 소위 '대박'을 쳤다.

'팔리는 물건'이 아닌 '필요한 물건'

이후 만드는 것마다 크게 히트해, 1971년 주식회사로 변경할 수 있었다. 사업 초기 500만 엔이었던 매출이 5억 4천만 엔이 되어 100배 성장을 이루었다. 이러한 흐름에 힘입어 농수산업의 중심인 동일본 마켓을 목표로 센다이에 공장을 증설했다. 1차 오일쇼크에도 신소재의 수요가 늘어 타격을 받지 않고 오히려 늘어난 수요를 맞추기 위해 공장 시설을 증대하기도 하였다.

하지만 두 차례의 오일쇼크는 10년간 벌었던 모든 것을 앗아갈 만큼 치명적이었다. 도산 직전까지 내몰린 그는 처절한 반성 끝에 한 가지 결론에 도달했다. "지금까지 우리는 도매상의 요구(Market-in)에 맞춰 물건을 만들었다. 이제부터는 최종 소비자의 불편함을 해결하는 물건을 만들어야 한다!" 이 '유저 인(User-in)'으로의 발상 전환이 아이리스 오야마 제국의 초석이 되었다.

구매하여 사용하는 소비자의 불편함을 해결할 수 있는 물건을 만드는 것을 목표로 한다. 즉, 마켓 인(Market-in)에서 유저 인(User-in)으로 전략을 바꾸고, 당시 무거운 원예용 토기 화분을 플라스틱 화분으로, 나무로 만들어 자주 더러워지고 세균에 취약했던 강아지 집을 플라스틱으로 제작하여 큰 호응을 얻는다. 한 가지 유명한 일화가 있는데, 낚시를 좋아하던 그는 어둑어둑한 새벽에 옷장을 뒤적이며 보이지 않는 수납함을 일일이 열면서 낚시조끼를 찾던 중, 투명한 플라스틱 수납함의 아이디어를 떠올린다. '안에 뭐가 들었는지 보이면 찾기 쉽겠구나'라는 이 아이디어로 개발된 투명 수납함은 오늘날에도 큰 인기가 있는 아이템이자 히트작이다.

아이디어를 빛의 속도로 상품화

아이리스 오야마는 매년 무려 1,000개 이상의 신제품을 쏟아낸다. 이 경이로운 속도의 비밀은 그들만의 독특한 시스템에 있다.

대리점이 아닌 홈 센터와 직거래를 시작했다. 이에 소비자의 니즈를 더욱 가까이에서 파악하고 빠르게 대응할 수 있었다. 도매상을 거치지 않고 제조사가 직접 대형 홈 센터 등 판매점에 납품하는 '메이커 벤더(Maker-Vender)'라는 새로운 업태를 확립하였다. 이는 중간 비용을 절감해 가격 경쟁력을 확보하는 동시에, 더 중요한 것을 얻게 해준다. 바로 실시간 판매 데이터다. 어떤 제품이 언제, 어디서, 얼마나 팔리는지 직접 파악하여 소비자의 니즈를 누구보다 빠르고 정확하게 읽어낸다.

매주 월요일, 아이리스 오야마에서는 전 직원이 신상품 아이디어를 발표하는 회의가 열린다. 놀라운 점은 이 자리에 창업자와 CEO, 기술 총책임자 등 최종 결정권자가 모두 참석한다는 것이다. 보고와 결재로 몇 달이 걸릴 의사결정이 그 자리에서 즉시 이뤄진다. 실패의 책임은 회사가 지고 성공의 공은 개인에게 돌리는 문화 속에서, 직원들은 자유롭게 '아하!'의 순간을 제안한다. 바로 이 회의에서 아이리스 오야마의 슬로건 "아하!를 상품으로"가 현실이 된다.

직원 누구나 자기 아이디어를 경영진에게 직접 제안할 수 있는 자리가 열리는 것이다. 연간 약 50회 이상 회의를 통해 매년 1,000개의 신제품이 이 회의를 통해 출시되고 있다. 아이디어 실현 가능성을 빠르게 판단하기 위해, 최종 결정자인 창업자, CEO, 기술 책임자 등이 항상 회의에 참여하고 의사결정을 내린다. 즉, 안건 제출-보고-승인-결재 등의 복잡한 과정을 한 자리에서 내리기 때문에, 다양한 제품의 출시가 가능한 것이다.

이렇게 빠른 의사결정 문화는 조직 내 다양한 의견을 수렴하고 협업을 촉진하여 혁신적인 제품 개발을 가능하게 한다. 여기에서 중요한 것은, 직원들의 도전은 장려하되 실패에 대한 책임은 회사가 지며, 성공은 개인의 공으로 돌리는 문화가 혁신을 가능케 한다는 것이다. 이를 위해, 새로운 임원들의 영입과 함께 조직의 다양성을 확대하고 있다. 카리스마 경영에서 벗어나 팀 기반의 의사결정 구조로 전환하고 있으며, 이는 다각화된 사업 전개와 지속 가능한 성장을 추구하는 데 기여하고 있다.

아이리스 오야마의 인턴십 프로그램은 굉장히 다양한데, 길게는 1주일, 하루, 반나절 등 다양한 기간의 형태로 진행되며, 학생들이 회사와 업무에 적합한지 직접 경험할 수 있도록 한다. 또한, 해외에서 일하고 싶어 하는 인재를 위한 글로벌 코스, 스포츠 인재 코스 등 다양한 채용 코스를 통해 훌륭한 인재를 확보하고 있다.

위기를 기회로 바꾸는 비결

두 번 다시 도산의 위기를 겪고 싶지 않았던 오야마 사장은 회사에 독특한 철칙을 세웠다. 바로 '공장 부지의 30%는 항상 비워 둔다'라는 것이다. 비효율적이라는 비판도 많았지만, 이 '30%의 여유'는 위기 속에서 빛을 발했다. 2011년 동일본 대지진으로 LED 전구 수요가 폭증했을 때, 2020년 코로나19로 마스크 대란이 일어났을 때, 아이리스 오야마는 예비 공간에 즉시 생산 라인을 증설해 시장의 요구에 가장 먼저 대응했고, 이는 곧 막대한 성과로 이어졌다.

그들의 또 다른 비결은 현명한 인재 확보다. 아이리스 오야마가 이렇게 많은 상품을 적재적소에 출시할 수 있는 비결은 무엇인가? 바로, 훌륭한 인재를 확보하는 것이다. 이를 위해 독특한 전략을 사용했는데, "구조조정으로 퇴직한 대기업의 기술자들을 채용하여 활용하자"라는 것이었다. 2015년 당시, 도시바, 샤프, 파나소닉 등의 가전 업체에서 퇴직한 기술자들을 대거 채용하여 기술력을 강화했다.

또한, 기술자들이 편하게 일할 수 있도록 오사카와 도쿄에 R&D 센터를 설립하는 등 지원을 아끼지 않았다. 기술을 가진 이들에게 기회를 주어 일자리를 창출하며, 기업은 그 기술로 R&D 부문을 성장시킬 수 있었던 일거양득을 취한, 윈-윈 전략이었다.

'불편함'의 미래, 로봇을 구독하다

이제 아이리스 오야마는 일본 사회의 가장 큰 '불편함'인 노동력 부족 문제 해결에 나섰다. 소프트뱅크와 손잡고 로봇 사업에 진출한 것이다. 최근에는 일본 명문대인 도쿄대 출신의 구글 엔지니어의 로봇 스타트업을 인수, 청소 로봇, 배식 로봇 등 다양한 서비스 로봇을 개발하고 있다. 그들은 청소 로봇, 배식 로봇 등을 개발하며, 여기서도 그들만의 방식으로 접근한다. 바로 로봇을 판매가 아닌 정기구독 시스템, '로봇 구독 서비스'를 도입하였다. 기업들은 높은 초기 비용 없이 로봇을 도입할 수 있고, 아이리스 오야마는 고객의 피드백을 실시간으로 반영하여 맞춤형 솔루션을 제공한다. 이미 마루이 백화점은 청소 노동자 대신 청소 로봇을 도입했다.

이러한 구독 서비스는 시스템 에러 사항을 DB화하고 개선하여, 더 많은 고객이 편리하게 사용하게 하는 전략이기도 하다. 아이리스 로보틱스라는 이름의 이 회사는 2027년까지 10만 대의 로봇 출하와 매출 1,000억 엔을 목표로 하고 있다. 전체 매출에서 1/10을 로봇 사업으로 하겠다는 야심과 함께, 현재 연 매출 10조 원을 목표로 꾸준히 성장하고 있다.

아이리스 오야마는 본사인 미야기현 센다이시를 위한 고향의 숲 재생 프로젝트로 지역주민들과 잡초를 제거하고 묘종을 심는 활동을 하고 있다. 특히, 재해 지역 복원 지원, 지역 발전 축제, 인재 육성을 위한 여러 가지 교육을 지원하고 있다. 또한, 우크라이나에 지원금, 의약품, 마스크, 가전제품 등을 제공하고 있다. 앞으로 또 어떠한 혁신적인 제품을 출시할지가 궁금해지는 기업이다.

생존 키워드

- 유저 인(User-in), 불편함을 해결하는 것이 곧 사업이다
- 결정의 속도가 성장의 속도
- 위기를 흡수하는 유연한 시스템

기업 정보

창립	1971년 4월 14일(창업: 1958년 4월)
본사	미야기현 센다이시 아오바구
글로벌	국내 14개, 해외 16개
매출액	7,540억 엔(2023년)
직원 수	6,290명(2024년 1월)
주가	비상장
사업 내용	생활용품의 기획, 제조, 판매
주요 사업	생활가전, 가구, 생수, 농산품, 위생용품(마스크), 야외의류, 애완용품, 침구 등
기업 이념	1. 회사의 목적은 영원히 존속하는 것이다. 어떤 시대 환경에서도 이익을 낼 수 있는 구조를 확립하는 것이다. 2. 건전한 성장을 지속하여 사회에 기여하고 이익의 환원과 순환을 도모한다. 3. 일하는 직원들에게 좋은 회사를 지향하고, 회사가 좋아지면 직원이 좋아지고, 직원이 좋아지면 회사가 좋아지는 구조 만들기. 4. 고객의 창조 없이는 기업의 발전이 없다. 생활 제안형 기업으로 시장을 창출한다. 5. 항상 높은 뜻을 품고, 항상 미완성임을 인식하고, 혁신 성장하는 생명력 넘치는 조직체를 만든다.

6장

니치마켓으로
확장하라

스노우피크
열정으로 쌓은 캠핑 제국, 멈출 줄 아는 용기

회사 전체가 거대한 캠핑장 안에 있고, 직원들은 자연 속에서 회의하며, 고객과 함께 텐트에서 잠을 잔다. 취미가 사업이 되고, 그 창업이 하나의 문화가 된 기업. '일본의 파타고니아'로 불리며 전 세계 캠퍼들의 열광적인 지지를 받는 스노우피크(Snow Peak). 그러나 2024년, 이 캠핑 제국은 돌연 상장 폐지를 선언하며 새로운 국면을 맞았다. 한 산악인의 순수한 열정에서 시작된 이 회사는 지금 어떤 이야기를 새로 쓰고 있을까?

등산과 캠핑이 취미인 사람들은 많다. 그런데 그 취미로 회사를 만들고, 그 회사가 전 세계적으로 사랑받는 회사가 된다면, 그 기분이 어떨까? 등산에 대한 열정으로 회사를 세운 한 남자의 이야기다. 1958년, 세계적인 금속 가공 기술의 도시 니가타현 츠바메산조(燕三条). 이곳은 기네스북에 오를 정도로 난이도가 큰 암벽 산 타니가와다케(谷川岳)가 있다.

열정적인 산악인이었던 야마이 유키오(山井幸雄)는 당시 일본의 등산 장비에 깊은 불만을 품고 있었다. "더 믿을 수 있고, 더 완벽한 장비는 없을까?" 그는 직접 장비를 만들기 시작했다. 그의 집념은 츠바메산조 장인들의 '철의 심장', 즉 세계 최고 수준의 금속 가공 기술과 만나 기존에 없던 고품질의 암벽 등반 장비를 탄생시켰다.

초기에는 미국의 등산 장비를 수입하여 일본인의 체형과 사용 방식에 맞게 개조하여 판매하였다. 그렇게 개조된 장비들은 일본의 등산 문화 발전에 크게 기여하였다. 등산인들의 니즈에 맞는 제품을 제공함으로써 스노우피크(Snow Peak)는 점차 인지도를 쌓았다.

이후 1986년, 창업자의 장남인 야마이 토오루(현 회장)가 합류하며 스노우피크는 새로운 전기를 맞는다. 등산을 넘어, '오토 캠핑'이라는 미지의 영역으로 뛰어든 것이다. 1996년 사명을 오늘날의 '스노우피크'로 변경한 시기였다. 당시 일본 캠핑장 안에서는 모닥불 사용이 금지되어 있었다. 그는 "캠핑의 낭만인 모닥불을 안전하게 즐길 수 있게 하자"라며, 스테인리스 스틸로 만든 '모닥불 대'를 출시했다. 이 제품은 공전의 히트를 기록하며, 스노우피크를 단순한 장비 회사가 아닌 '캠핑 문화를 창조하는 기업'으로 각인시켰다.

고객이 아닌 동료를 만드는 법

　스노우피크의 가장 강력한 무기는 제품이 아닌 '커뮤니티'다. 그들은 고객을 단순히 물건을 사는 사람이 아닌, '자연 속에서 함께 인생을 즐기는 동료'로 여긴다.

　그 중심에는 1998년부터 시작된 '스노우피크 웨이'라는 캠핑 행사가 있다. 이 행사에서는 회장과 직원들이 고객과 함께 텐트를 치고, 음식을 나누며, 모닥불 앞에 둘러앉아 밤새 이야기를 나눈다. 고객의 불만은 가장 귀한 피드백이 되고, 새로운 제품의 아이디어는 바로 이 현장에서 태어난다.

　중간 유통상을 없애고 직영점 체제를 구축한 것, 전 제품에 대한 '영구 보증 제도'를 실시하는 것, 그리고 마침내 본사 자체를 거대한 캠핑장 안에 준공하는 과감한 결정을 한다. 고객들과 더욱 가까워지고, 제품에 대한 피드백을 즉각적으로 받을 수 있는 환경을 만들려는 것이다. 이 캠핑장에 본사를 건설하기 위해 창업 이래 최초로 대출까지 받았다는 후문이다. 이 모든 것이 모두 이 '동료(고객 포함)'들과 더 깊이, 더 오래 함께하기 위한 결정이었다.

야생에서 일하는 돌고래들

스노우피크의 경영 철학은 독특하다. 기존의 '상어형 경영(하이어러키)'이 아닌 '돌고래형 경영'이라고 불린다. 상어형 경영이 리더가 앞에서 방향을 설정하고 모두가 따르는 형태라면, 돌고래형 경영은 리더가 중앙에 있고 직원들이 360도 전 방향으로 둘러쌓아 자유롭게 아이디어를 내는 방식이다. 직원들 대부분이 열성적인 캠퍼이기에, 그들은 최고의 사용자이자 가장 날카로운 비평가다. 변화에 발 빠르게 대응할 수 있도록 비전과 목표를 지속적으로 업데이트하며, 사장은 크리에이티브 디렉터와 같이 직원들의 적응을 적극적으로 지원하고 아우르는 역할을 한다.

스노우피크는 특이하게 캠핑장 내에 본사가 위치해 캠핑을 좋아하거나 관심이 있는 사람들이 지원하고 입사하는 경우가 많다. 곧 직원들이 자사 제품의 고객이기도 하다는 의미이다. 워크숍, 세미나, 팀 빌딩 등의 활동을 캠핑의 형태로 지속함으로써 직원들의 참여와 만족도를 높이고 있다. 독특한 복리후생을 제공하기보다는, 캠핑을 좋아하는 사람들이 더욱 자유롭게 참여할 수 있도록 환경을 조성하고, 고객과의 접점을 최우선으로 하기 위한 이벤트와 체험 프로그램의 기획 및 실행을 중요시하고 있다.

또한 직원들은 '야생의 필터'를 통해 자연과 직접 교감하며 혁신적인 아이디어를 발굴한다. 자연 속에서 회의하는 '캠핑 오피스'가 그 예이다. 사무실이 아닌 자연 속에서 회의하는 '캠핑 오피스'를 통해, "이 제품이 정말 자연 속에서 우리를 행복하게 해줄까?"를 스스로 묻고 답한다. 폐쇄된 회의실의 탁상공론이 아닌, 자연 속에서 얻은 생생한 경험과 직관이 스노우피크 혁신의 원천이다.

이는 현재 스노우피크의 솔루션사업부를 통해 타사에도 제공하고 있는 비즈니스의 형태로 발전했다.

제국의 확장, 그리고 성장통과 재도약

스노우피크는 '의식주동유(衣食住働遊)'라는 기치 아래, 입고, 먹고, 살고, 일하고, 즐기는 다섯 가지 영역으로 사업을 다각화한다. 의류, 식품, 주택, 컨설팅까지 '캠핑과 일상의 경계를 허물자'라는 콘셉트로 지역 장인들과의 협업을 통해 모듈형 가구, 캠핑용 조리 기구, 캠핑 웨어 등을 개발했다. 예를 들면, 니가타현의 목공 장인과 협업하여 쉽게 조립하고 분해할 수 있는 모듈형 디자인의 라운지 체어를 만들거나, 일본의 금속 가공 장인과 함께 내구성이 뛰어나고 열전도율이 우수한 쿡 웨어를 제작하여 일상생활에서도 활용이 가능한 형태를 출시했다. 이는 전통적인 기술과 문화를 반영한 고품질의 제품으로, 일상에서도 활용할 수 있게 하는 동시에 지역 경제 발전에도 상당히 이바지했다.

스노우피크가 한국, 중국, 미국 등 해외 시장에서도 큰 성과를 거두고 있는데, 그 이유는 '치열한 경쟁사회에 지친 현대인들이 자연에서 치유 받고 싶은 욕망'을 채워주는 가치관이 잘 받아들여진 것이기도 하다. 특히 경제 성장을 이룬 국가에서 수요가 높은데, 특히 한국에서의 매출 성장 이유를 다음과 같이 밝혔다. "자연으로부터 치유를 받음으로써 잃어버린 인간성을 되찾기 위한 스노우피크의 가치관이 위화감 없이 받아들여진 것 같다."

스노우피크는 사회인보다는 전 지구적인 가치관을 가진 '아웃도어 퍼슨'을 늘려나가는 것을 목표로 한다. 경제가 아닌 전 지구적 세계관을 가지고, 자연 속에서 인간성 회복을 추구하고 있다. 이를 위해 비전을 지속적으로 업데이트하고, 직원들이 변화에 빠르게 적응할 수 있도록 지원하고 있다.

지역 사회와의 상생

스노우피크가 더 멋진 기업이라는 것은 바로 지역 사회와의 상생에 힘을 쓰고 있다는 것이다. 이는 니가타현 츠바메산조에서 탄생한 세계적으로 유명한 금속 가공 기술을 활용했기 때문이다. 하지만, 지역을 기반으로 본사를 구축하고 캠핑장을 형성함으로써 지역 경제 활성화 및 전통 기술 계승에도 지원을 아끼지 않았다. 특히 '스노우피크 지방 창업 컨설팅'을 자회사로 설립했다. '일, 놀이, 캠핑, 아웃도어'를 키워드로, 각 지역의 지자체나 기업이 가지고 있는 유휴지를 캠프 필드나 글램핑 시설로 개조하고, 지방의 매력을 재인식할 수 있는 구조를 제공한다. 지역 관광을 활성화하며 지역 경제 발전에 이바지하고 있는 것이, 타사와는 차별화된 스노우피크의 사회공헌 전략이다.

또한, 일본을 포함하여 자연재해가 많은 지역에서는 텐트나 슈라프 등의 아웃도어 용품이 초기 단계에 상당히 도움이 된다. 재해 상황에 따라 텐트, 쉘터, 매트, 의류, LED 라이트 등을 제공하고, 피해자의 프라이버시 확보나 이코노미 클래스 증후군 예방을 지원하고 있다. 또한 민간 기업과 NPO, NGO와 연계하여, 대규모 자연재해 발생 시 필요한 물자와 서비스를 재해 지역에 신속하게 제공하는 구조인 '긴급재해 대응 얼라이언스(SEMA)' 통해 다양한 재해를 지원하고 있다.

이 외에도 모든 제품에 대한 영구 보증으로 대량소비/대량생산의 자원순환 낭비에서 벗어나는 비즈니스 모델을 실천하고 있다. 또한 '스노우피크 리사이클 프로젝트'로 회수한 의류를 실로 되돌려(시마세이키), 그 실을 사용한 니트 제품의 자사 제조를 개시했다. 이 모든 과정은 오픈 팩토리로 공개하고, 재활용의 순환을 체감할 수 있도록 하였다. 앞으로는 '텐트에서 옷으로'라는 장래 상품개발을 검토하고 있다. 스노우피크의 이야기는 자연과 함께하는 삶이 얼마나 큰 가치를 지닐 수 있는지를 보여준다.

하지만 영광 뒤에는 성장통이 따른다. 코로나19 팬데믹 시절 폭발적인 성장을 이룬 후, 엔데믹과 함께 성장이 정체되고 주가는 하락했다. 빠른 사업 다각화가 브랜드의 정체성을 희석시킨다는 비판도 제기되었다.

결국 2024년 2월, 스노우피크는 미국 사모펀드 베인 캐피털과 손잡고 MBO(경영진 주도 인수)를 통해 상장 폐지를 결정했다. 이는 단기적인 주가에 얽매이지 않고, 장기적인 관점에서 사업구조를 근본적으로 혁신하고 글로벌 시장 공략을 가속화하기 위한 전략적 선택이다. 세상의 시선에서 잠시 벗어나, 재도약을 위한 숨 고르기에 들어간 것이다.

한 산악인의 열정으로 시작된 스노우피크. 그들의 이야기는 이제 2막을 맞았다. 상장 폐지라는 과감한 결단이 후퇴일지, 더 높은 정상을 향한 도약의 발판이 될지는 미지수다. 하지만 분명한 것은, 자연과 사람을 연결하겠다는 그들의 순수한 철학이 살아있는 한, 스노우피크의 모닥불은 쉽게 꺼지지 않을 것이라는 점이다.

생존 키워드

- 취미를 문화로, 고객을 동료로
- 자연이 곧 사무실이자 R&D 센터
- 재도약을 위한 전략적 후퇴

기업 정보

창립	1971년 4월 14일(창업: 1958년 4월)
본사	니가타현 산조시 나카노하라
지사	국내, 해외
매출액	257억 엔(2023년 12월)
직원 수	연결: 759명, 단독: 471명(2023년 12월)
주가	비상장(2024년 상장 폐지/MBO)
사업 내용	기타 제품
주요 사업	아웃도어 제품 개발, 제조, 판매, 어반 아웃도어 사업, 캠핑 오피스 사업, 지방 창생 사업, 글램핑 사업
슬로건	자연과 함께 인간성의 회복

사이제리아
물리학자의 초저가 이탈리안 레스토랑, 고수익 비밀

"만약 물리학자가 이탈리안 레스토랑을 운영한다면 어떨까? 과연 어떤 맛인지 궁금하지 않은가?" 이 엉뚱한 질문에 대한 답이 바로 일본 외식업계의 살아있는 전설, 사이제리아(Saizeriya)다. 3,000원짜리 스파게티, 2,900원짜리 도리아, 그리고 1,000원짜리 와인. 상식을 파괴하는 가격으로 1,500개가 넘는 매장을 운영하며 고수익을 내는 이 기적의 레스토랑. 이곳은 음식을 파는 곳이 아니라, 물리학적 사고로 설계된 '가치 창출 시스템'을 파는 곳이다.

1968년, 일본 도쿄대 이과대학 물리학도였던 쇼우가키 야스히코(正垣泰彦)는 의사 집안의 셋째 아들로 태어났지만, 전혀 다른 길을 선택한다. "서양 음식이 점점 인기를 끌고 있는데, 왜 맛있는 서양 음식은 항상 비싸야만 하는가?"라는 근본적인 의문을 품었고, 작은 과일 가게 '사이제리아(Saizeriya)'를 인수해 레스토랑을 연다. 당시 일본은 경제 성장 시기에 접어들어 서양 음식에 대한 수요가 증가하고 있었다. 초기에는 위스키도 팔고 심야영업까지 하면서 선술집 느낌의 가게로 운영하였으나, 화재로 모든 것을 잃는 시련을 겪는다. 잿더미 속에서 이탈리안 레스토랑으로 다시 개장한 그는, 자신의 질문에 대한 답을 찾기 위한 대담한 실험에 나선다.

음식 대중화의 가장 큰 장벽은 '가격'이다?

초기 경영은 순탄치 않았다. 대부분의 서양 음식점이 고급 레스토랑으로 일반인이 접근하기 어려운 가격대를 형성하고 있었기 때문이다. 경쟁이 치열한 외식업계에서 두각을 나타내기 위해 쇼우가키는 이탈리안 음식 대중화의 방법이 '가격'이라는 가설을 증명하기 위해 파격적인 가격 인하 전략을 구상, 전 메뉴의 가격을 30% 내리는 과감한 결정을 하였다. 그래도 손님이 오지 않자, 70%까지 가격을 내리는 초강수를 둔다. 이는 단순한 도박이 아니었다. 변수를 극단적으로 통제해 핵심원인을 찾아내는 물리학자의 실험과도 같았다. 결과는 대성공. 가게 앞은 연일 장사진을 이뤘고, '가격이 장벽'이라는 그의 가설은 완벽하게 입증되었다.

저렴하면서도 맛있는 음식을 제공한다는 입소문이 퍼지며, 사이제리아는 가게를 더 열라는 요구와 함께 인접한 곳에 점포를 개점한다. 이로써 가설 증명은 쉬웠지만, 70% 할인된 가격으로 수익을 내는 것은 완전히 다른 차원의 문제였다. 1973년 주식회사로 법인화한 이후, 사이제리아는 합리적인 가격과 품질 좋은 이탈리안 요리를 제공하는 패밀리 레스토랑으로 변모하였다. 쇼우가키 야스히코는 누구나 부담 없이 서양 음식을 즐길 수 있는 공간을 만들고자 하였으며, 이것이 사이제리아의 출발점이었다.

맛의 공식을 설계하다

그러나 가격 인하만으로는 수익성을 유지하기 어려웠다. 여기서 그의 물리학적 사고가 진가를 발휘한다. 그는 음식과 유통의 모든 과정을 원자 단위처럼 분해하고, 가장 효율적인 방식으로 재조립하기 시작한다. 그렇게 탄생한 것이 바로 사이제리아의 핵심 무기, SPF(Specialty Store Retailer of Private Label Food) 모델이다. SPF는 패션업계의 SPA 모델을 외식업에 적용한 것으로, 생산-가공-물류-판매의 모든 과정을 수직으로 통합하는 방식이다.

- **농업:** 좋은 품질의 채소를 안정적으로 공급받기 위해 농가와 직접 계약을 맺는다.
- **생산:** 호주에 거대한 자체 공장을 설립, 대표 메뉴인 '밀라노풍 도리아'의 화이트소스와 미트소스를 대량 생산하여 맛을 균일화하고 원가를 극단적으로 낮춘다.
- **조달:** 이탈리아에 자회사를 설립해 와인과 올리브 오일, 치즈 등을 직접 수입한다.

완벽하게 설계된 이 시스템 덕분에, 290엔(약 2,900원)이라는 경이로운 가격의 '밀라노풍 도리아'가 탄생할 수 있었다. 사이제리아는 음식을 요리한 것이 아니라, '맛의 공식'을 과학적으로 설계한 것이다.

저렴함과 맛있음의 공존

2000년에 아지노모토 출신의 호리바 잇세이가 창업자 쇼우가키의 권유로 사이제리아에 이직하게 된다. 호리바 잇세이는 아지노모토 당시 미국, 브라질 등의 해외 경험을 바탕으로, 사이제리아의 성장을 함께하여 2009년에 사장으로 취임, 2022년까지 13년을 사장으로 재직한 인물이다. '저렴함과 맛있음의 공존이 가능할까?'라는 질문으로 시작된 그의 새로운 도전은, 광고 비용을 없애고, 제품 생산부터 판매까지 모든 과정을 자체적으로 관리하여 일원화하는 통합 시스템을 도입하였다.

이는 생산부터 판매까지의 모든 과정을 자체적으로 관리함으로써 원가 절감과 품질 유지를 동시에 실현하는 전략이었다. 예를 들어, 밀라노식 도리아는 490엔에서 290엔으로 가격을 내렸음에도 불구하고, 호주에 있는 자체 공장에서 생산된 화이트소스와 미트소스를 사용하여 맛을 유지할 수 있었다.

이러한 비즈니스모델은 패션업계의 SPA(Specialty store retailer

of Private Label Apparel) 방식과 유사하다 하여 SPF(Specialty store retailer of Private Label Food) 방식으로, 공급망의 효율성을 높이고 비용을 절감하면서 저렴한 가격을 유지할 수 있었다. 창업자가 외치던 농업의 산업화가 이루어진 것이다. 이러한 공급망 관리는 2000년 초반 호리바 사장이 입사할 당시 300개의 점포에서, 해외 시장에도 진출하여 중국, 동남아시아 등지에 매장을 오픈하며, 글로벌 브랜드로 성장하였다. 현재 국내 1,000여 개, 해외 500여 개의 점포를 갖춘 대형 외식기업으로 성장할 수 있었다.

그 후 사이제리아는 지역에서 계약재배 채소를 생산할 수 있게 되었다. 즉, 농부로부터 직접 안정적으로 채소를 확보할 수 있는 덕분에, 채소를 저렴하게 구할 수 있었다. 농가에 지급하는 재배 위탁료는 시장의 평균치를 기준으로 산정하기 때문에 변동이 적었고, 농가의 수입도 낮지 않았다. 농가도 흉작 등에 영향을 받지 않고 안정적인 수입을 보장받을 수 있었다. 게다가 공장에서 직접 가져와 선별이나 포장이 필요없었다. 올리브 오일, 모짜렐라 치즈, 와인 등도 현지와 직접 계약해서 가져온다.

매장의 확보는 도미넌트 전략으로, 레스토랑까지의 이

동 거리가 10분 이내인 사람들을 주요 목표로 삼았다. 또한 매장은 직영으로 운영하며, 전국적으로 많은 것도 아니라, 공장 주변을 중심으로 하고 있다.

효율의 극대화, 1초와 1그램을 다투는 실험실

코로나19 팬데믹으로 외식업계가 큰 어려움을 겪었지만, 사이제리아는 심야영업 폐지, 수기 주문서 도입, 배식 로봇 활용 등 혁신적인 방법으로 운영 효율을 높였다. 특히 영업시간을 단축하고도 수익을 유지할 수 있는 모델을 개발하여 위기 속에서도 안정적인 성과를 달성하였다. 사이제리아는 코로나 당시에도 매출 신장을 보여 더욱 유명해졌는데, 감염 방지를 위한 주문 태블릿을 없애고 손님이 직접 손으로 써서 주문하는 손글씨 주문표, 드링크바/와인바 및 식기 도구를 준비하여 셀프로도 가져갈 수 있게 하였다.

매장의 청소 역시, 진공청소기 대신 넓은 폭의 대걸레를 사용하여 청소 시간을 줄이고 위생을 갖추는 등 노력의 결과였다. 현재 사이제리아는 일본 국내에 약 1,000여 개 이상의 매장을 운영하고 있으며, 저렴한 가격과 안정적인 품질로 많은 고객에게 사랑받는 브랜드로 자리매김하였다. 또한, 'Make your Favorite'라는 고객 취향 맞춤형 주문제도를 도입, 사진과 번호만으로도 주문할 수 있다. 이는 외국인 고객에게도 호응을 얻었고, 중국에서는 마라스파게티와 같은 현지화 전략을 통해 매출이 비약적으로 늘어났다.

사람 중심의 역설, 직원 제일주의

"이렇게 저렴한 가격은 직원들을 착취한 결과가 아닐까?" 이 질문에 사이제리아는 정반대의 답을 내놓는다. 다만, 쇼우가키 창업자의 핵심 경영원칙은 '직원 제일주의'다.

그는 사이제리아를 막 시작했을 때의 월급날을 잊지 못한다. 돈을 제대로 주지 못한 미안함에 직원과 함께 눈물을 흘렸던 어머니의 모습을 본 후 직원의 행복을 최우선으로 삼았다. 사이제리아는 외식업계의 관행을 깨고, 아르바이트로 일하던 직원들을 정규직으로 적극 전환하는 프로그램 및 학력이나 나이 불문의 '캡틴 사원제' 등을 도입하였고, 지점별 매출 목표를 과감히 없앴다. 매출 경쟁이 직원들을 지치게 하고, 고객 서비스의 질을 떨어뜨린다고 믿었기 때문이다.

 이는 단순한 감상주의가 아니다. 현장에서 성과를 내는 인재를 적극적으로 채용하여, 장기근속을 유도하고 있다. 이를 통해 직원들의 경험과 노하우를 축적하여 서비스의 질을 높이고 있는 것이다. 이는 직원들이 즐겁게 일할 수 있어야 고객에게 최상의 서비스를 제공할 수 있다는 신념을 가지고 있기 때문이다. 또한, 함께 일했던 2명 이상의 사람에게 추천서를 받은 사람을 채용함으로써, 조직 내 신뢰와 협력을 강화하고 있다. 이는 함께 일하는 동료들이 인정하는 사람을 채용하여 팀워크를 높이는 효과가 있다. 행복하고 숙련된 직원이 제공하는 양질의 서비스는 고객 만족도를 높여 재방문율을 끌어올린다. 이 선순환 구조야말로 사이제리아의 보이지 않는 고수익 비결이다.

 사이제리아는 일반적으로는 버려지는 재료를 기술적으로 활용하여 메뉴를 개발하고 있다. 예를 들어, 브로콜리의 줄기나 옆 순과 같은 부분을 곱게 갈아 사용한다. 이는 수프나 다른 요리를 만들 때 첨가하여 식품 폐기물을 줄이고 자원을 효율적으로 활용하고 있다. 또한, 매장 내 에너지 절감형 조명과 설비를 도입하여 탄소 배출을 줄이고 있다. 게다가 배식 로봇을 도입하여 업무 효율을 높이는 동시에 에너지 사용을 최적화하고 있다. 현지의 신선한 재료를 안정적으로 공급받기 위해 지역 농가와의 파트너십을 강화하고 있으며, 영양가 있는 식사를 저렴한 가격에 제공함으로써, 모든 사람이 건강한 식사를 즐길 수 있도록 하고 있다. 특히 야채를 활용한 메뉴를 개발하여 고객들의 건강 증진에도 힘쓰고 있다.

사이제리아의 이야기는 혁신적인 아이디어와 사람을 중심에 둔 경영 철학이 얼마나 큰 성과를 끌어낼 수 있는지를 보여준다. 사이제리아는 창업 초기부터 시행해 온 70% 가격 인하를 여전히 유지하며, 많은 사람에게 합리적인 가격으로 서비스를 제공하고 있다.

물리학자의 레스토랑, 사이제리아. 그들은 음식을 통해 '어떻게 하면 최소한의 비용으로 최대한의 가치를 만들어낼 수 있는가?'라는 명제를 증명해냈다. 그들의 성공은 과학적 합리성과 사람에 대한 따뜻한 시선이 만났을 때, 얼마나 위대한 시너지를 낼 수 있는지를 보여주는 가장 맛있는 증거다.

생존 키워드
▪ 물리학적 사고 경영, 과학적 접근법
▪ 완벽한 수직 통합(SPF) 모델
▪ 직원 만족이 곧 고객 만족

기업 정보	
창립	1973년 5월 1일(창업: 1968년 4월)
본사	사이타마현 요시카와시(창업은 치바현 이치가와시)
글로벌	총 1,540점포, 국내 1,055점포(2023년 8월 기준), 해외 485점포
매출액	1,832억 엔(연결, 2023년 8월)
직원 수	2,073명(2023년 8월, 정규직)
주식	상장
사업 내용	소매업
주요 사업	이탈리안 요리점, 체인푸드 서비스
슬로건	(감사와 사랑으로) 인류를 위해, (인간으로서) 정직하게, (직원, 고객, 사회 모두) 사이좋게

하마노 제작소
꿈을 만드는 공장, 기술로 미래를 빚다

도쿄의 화려한 스카이라인 뒤편, 낮은 공장들이 밀집한 스미다구의 한 골목. 기름 냄새와 쇠 깎는 소리가 익숙한 이곳에, 일본에서 가장 뜨거운 아이디어들이 모여드는 50여 명 남짓의 작은 공장이 있다. 평범한 금속 가공업체에서 하드웨어 스타트업의 성지가 된 하마노 제작소. 이곳은 어떻게 남의 꿈을 실현시켜 주며, 자신의 더 큰 꿈을 이뤄가고 있을까?

도쿄라고 하면 어떤 이미지가 떠오르는가? 화려한 네온사인, 번화한 거리, 그리고 수많은 사람이 오가는 모습들, 바쁜 도시와 깔끔하고 세련된 건물들. 하지만 그 도쿄의 스미다구 한 골목에 작은 금속 가공 공장이 있다. 스미다구는 공업지대로 중소 규모의 공장이 꽤 많은 지역이다. 한때 번창했을 때는 9,800여 개의 가족형 규모의 공장이 밀집해 있었다. 최근에는 도쿄 스카이트리와 같은 랜드마크의 개발로 인해 관광 및 상업지역으로 변하고 있지만, 지금도 1,600여 개 정도가 남아있다. 도쿄 23구 중에 유일하게 대학이 없는 곳이기도 하다.

잿더미 속에서 피어난 진심

1957년, 도쿄 스미다구의 한 골목에 하마노 제작소가 문을 열었다. 창업자 하마노 요시코는 생산 부품의 금형 프레스 가공을 하는 작은 공장을 운영했다. 그러나, 1993년 창업자의 갑작스러운 별세로, 아들 하마노 케이이치가 갑작스레 금속 프레스 공장을 물려받았다. 하지만 그를 기다리고 있던 것은 순탄치 않은 길이었다.

얼마 지나지 않아 인근 철거 공사장에서 튄 불꽃이 공장을 덮쳤고, 모든 것이 잿더미로 변했다. 절망적인 상황 속에서도 그는 포기하지 않았다. 동네 여기저기를 뛰어다니며 임시로 공장을 빌릴 수 있었고, 직원 한 명과 함께 동네 공장들을 뛰어다니며 설비를 빌려 납기를 지켰고, 신용 하나로 회사를 다시 일으켰다.

그러던 어느 날, 그의 운명을 바꾼 의뢰가 들어왔다. "교통사고로 휠체어를 타는 딸의 생일 선물로 재활 기구를 만들어주실 수 있을까요?" 설계도 한 장 없이, 아버지가 그려 온 엉성한 그림뿐이었다. 하지만 딸을 향한 아버지의 간절함에 마음이 움직인 하마노 사장은, 1주일 남은 딸의 생일 선물로 주고 싶다는 아버지의 부탁에, 직원과 함께 밤을 새워 세상에 단 하나뿐인 재활 기구를 완성했다. 딸의 기뻐하는 모습을 보며 그는 깨달았다. 자신이 만드는 차가운 쇳붙이가 누군가에는 뜨거운 희망과 감동이 될 수 있다는 것을. 이 순간 하마노 제작소의 '일'은 '사명'이 되었다.

골목 공장의 불가능한 도전

'사람을 돕는 물건을 만들겠다'라는 꿈을 품게 된 하마노 제작소는 놀라운 도전을 시작한다. 하마노 케이이치는 당장은 부품밖에 만들 수 없으나, 앞으로는 로봇 개발이나 재활 장치 등을 만들어야겠다고 생각하게 된다. 이런 꿈을 갖게 된 하마노 제작소가 위치한 스미다구는 소규모 공장이 많은 지역이지만, 인근에 좋은 기술을 가르치는 대학도 많았다. 그래서 대학과의 산학 연계를 기획, 와세다대학교와 손잡고 몇몇 업체들과 함께 전기 자동차의 개발 프로젝트인 '호쿠사이 프로젝트'에 참여하게 된다. 당시 유류 자동차의 시장은 포화 상태였지만, 전기 자동차 시장은 아직 해 볼만 한 도전이라고 판단하여 2003년 '호쿠사이'라는 전기 자동차를 탄생시킨다. 골목 공장이 자동차를 만든다는, 불가능해 보였던 꿈에 도전한 것이다.

2009년 리먼 사태의 어려운 시기에도 불구하고 오사카에서는 인공위성 프로젝트를 한다는 얘기를 듣게 된다. 2013년, "오사카가 인공위성을 쏘아 하늘로 도전했으니, 우리 도쿄는 바다로 가자!"라며 여러 중소 공장들과 의기투합했다. 그렇게 탄생한 심해 무인 탐사선 '에돗코 1호(도쿄의 아들 1호)'는 세계 최초로 수심 7,800미터 심해에서의 생물 촬영에 성공하는 쾌거를 이뤘다.

심지어, 2016년에는 산학 연계 사업의 비즈니스 모델로서 굿디자인상을 수상하였다. 마을 공장 차원의 단순하게 하청받는 수준을 넘어, 새로운 사업을 창출한 것으로 표창을 받은 것이다. 대기업도 해내지 못한 일을 '골목 공장 연합'이 이뤄내며 일본 제조업계에 엄청난 자부심을 안겨주었다. 이 불가능한 도전들은 증명했다. 하마노 제작소의 기술력은 단순히 부품을 찍어내는 수준을 넘어, 세상에 없는 것을 창조할 수 있는 힘을 가졌다는 것을.

하드웨어 스타트업을 지원하기 위한 개발 거점, '개러지 스미다'

이러한 경험을 바탕으로, 하마노 제작소는 자신들의 공장을 개방하여 '개러지 스미다(Garage Sumida)'를 설립한다. 이는 반짝이는 아이디어는 있지만, 시제품을 만들 설비와 노하우가 없는 하드웨어 스타트업을 위한 '꿈의 차고'이자. 벤처기업을 지원하기 위한 개발 거점이었다.

개러지 스미다에서는 회로나 IC칩, 프로그래밍 설계는 할 수 있으나, 시제품을 직접 제작할 수는 없는 벤처기업을 위한 곳이다. 소프트웨어와 달리, 하드웨어 스타트업은 시제품 제작이라는 '죽음의 계곡'을 넘지 못해 좌초하는 경우가 많은데, 개러지 스미다가 바로 이 계곡을 건너게 해주는 다리가 되어준 것이다. 최신 3D 프린터와 레이저 커터, CNC 가공기 같은 설비뿐만 아니라, 수십 년 경력의 장인들이 '이 설계로는 대량생산이 힘드니 이렇게 바꿔 보라'며 실질적인 노하우를 전수하는 곳이다. 개러지 스미다는 곧, 최신 디지털 공작기계를 이용하여, 금형 설계 및 판금에 최적화된 인력과 함께 벤처기업, 대학, 연구기관, 디자이너, 크리에이터, 다양한 업계의 제품 개발, 기획, 설계, 시제품 제작 및 양산까지 지원해주는 스타트업의 성지가 되었다.

몸이 불편한 사람들을 위한 분신 로봇 '오리히메'를 개발한 오리연구소(OryLab)는 개러지 스미다를 오픈했을 초기에, 가장 먼저 연락을 준 곳이다. 오리연구소 대표는 창업 초기 1년 반 동안 하마노 사장의 아파트에 살면서 제품을 개발하였다. 오리연구소의 로봇은 활동이 자유롭지 않은 사람들을 위해 기술로 윤택하게 생활하자는데 목적이 있다. 눈동자의 움직임으로 대화나 그림을 그릴 수 있는 로봇이나, 거동이 불편한 사람들의 분신 로봇들이 대화하고 서빙을 하는 '오리히메'라는 로봇이 개러지 스미다에서 탄생한 것이다.

태풍의 힘으로 전기를 만드는 챌리너지(Challenerge), 퍼스널 모빌리티 기기를 개발하는 휠(WHILL), 농업용 로봇을 개발하는 아이다호(IDAHO), 휴대용 수처리 및 재활용 시스템을 개발하여 물을 효과적으로 활용하는 워타(WOTA) 등 현재 일본을 대표하는 수많은 하드웨어 스타트업들이 바로 '개러지 스미다'에서 탄생했다. 하마노 제작소는 단순히 기술을 빌려주는 것을 넘어, 그들의 꿈을 함께 꾸고 실현하는 '동반자'가 되어준 것이다.

현재 개러지 스미다에서 600여 개의 회사가 함께 개발하고 있으며, 그 절반 이상이 제대로 된 성과를 내고 있다. 기술이 발전하는 가운데에서도 중요한 건 사람의 마음과 생각이라는 철학을 가지고 있다. 따라서 이 일을 통해서 인간적인 가치를 추구하거나 실현하고 싶은지가 가장 중요한 것으로 두고, 스타트업 제품의 실체 구현을 위해 제작하고 있다.

꿈을 현실로 만드는 새로운 상생의 생태계

하마노 제작소의 직원 수는 50명 남짓이지만, 그 위대

함은 기술력에만 있지 않다. 그들은 자신들의 공장을 초등학생부터 대학생까지 다양한 연령대의 학생들을 대상으로 누구나 찾아와 제조업을 체험하는 살아있는 교실로 만들었다. 인턴십과 직업 체험 프로그램을 운영하며 제조업의 미래를 함께 그리고 있다. 이츠바시대학교, 와세다대학교, 도쿄대학교 등 수많은 대학과 협력하며 제조업의 매력과 중요성을 알리고 있다. 이를 통해 창의적이고 유능한 인재들이 산업에 진출할 수 있도록 지원하고 있다.

또한, 하마노 제작소는 단순한 제조업을 넘어 사회적 책임을 다하는 기업으로 성장하고 있다. 지역 행사 참여, 교육 기관과의 협력을 통해 지역 경제 활성화와 공동체 의식 향상에 기여하고 있다. 라이온의 칫솔 헤드 커트기, 아사히 맥주의 밀짚 빨대 프로젝트, 그리고 JAL의 항공기 부품 업사이클링 프로젝트(캠핑카용 침대 프레임 제작) 등 대기업과의 협업을 통해 사회 문제 해결에도 적극적으로 나서고 있다.

하마노 제작소의 가장 위대한 발명품은 자동차나 로봇이 아니다. 그것은 바로 '사람의 진심과 골목의 기술이 만나 스타트업의 꿈을 현실로 만드는 새로운 상생의 생태계' 그 자체이다. 그들은 증명하고 있다. 미래는 실리콘밸리의 거대한 연구소에서만 만들어지는 것이 아니라, 사람의 온기가 남아있는 도쿄의 작은 골목 공장에서도 뜨겁게 빚어지고 있다는 것을.

생존 키워드
▪ 기술에 마음을 담는 진정성
▪ 꿈을 현실로 만드는 '인큐베이팅 공장'
▪ 골목의 힘, 상생의 연대

기업 정보	
창립	1978년 9월
본사	도쿄도 스미다구
지사	국내 4곳
매출액	1억 엔 이상(비공개)
직원 수	52명
주식	비상장
사업 내용	금속 가공업
주요 사업	금속 가공, 정밀판금, 프레스 가공, 금형 설계 및 제작, 각종 어셈블리 가공 등
슬로건	항상 환대하는 마음(오모테나시)으로 고객, 직원, 지역에 감사하고 환원하며, 꿈(자아실현)과 희망과 자부심을 가진 활력 있는 기업을 지향하자!

7장

불황을 이기는
기업의 생존전략

과거, 현재, 그리고 미래는?

지금까지 열거한 일본 기업들의 생존전략에는 업종이나 업계와 상관없이 공통된 특징이 있다. 그것은 기술력이나 자본력만이 아니다.

첫 번째의 필수조건은, 과거부터 현재까지 DNA로 자리 잡은 전 직원이 이해할 수 있는 회사의 '경영 이념(신념)'이다. 위에 나열한 회사는 모두, 창업 당시의 신념이나 다짐이 경영 이념으로 뿌리 깊게 존재하고 있었고, 그 신념은 시대에 맞게 존중되어 왔다.

두 번째의 필수조건은, 이러한 경영 이념을 실현하기 위한 현재의 '구체적인 전략'이다. 생존을 위해서는 기존의 방식과 상식을 어떻게 뛰어넘을지, 그러한 상식에서 벗어난 '과감함'과 '시도'가 중요하다. 그것이 현재(시대)에 맞는 전략이 되어 독자적인 경영 시스템(구조)을 만들어 살아남은 전략이 되었다고 봐도 과언이 아닐 것이다.

마지막으로, 미래를 생각하고 실천하는 지속 가능한 '인류애적 요소'이다. 기업이 내건 전략 테마(제공 가치)의 달성을 향해 모든 경영 행동과 지침이 상호 보완되어야 하는 것이며, 이의 근간은 인간의 가치를 존중하고, 인간의 삶을 존엄하게 하기 위한 공헌으로 귀결되고 있다. 이러한 기본 이념과 지침을 중심으로 현재까지 파생되고 적용되었던 공통적인 생존전략은 다음과 같다.

1. 제품의 국산화

일본 기업들은 해외의 우수 기술을 국산화하여 현지 시장에 최적화된 제품과 서비스를 제공한다. 이는 단순한 번역이나 복제가 아닌, 현지화된 혁신을 통해 지속 가능한 경쟁 우위를 확보하는 전략이다.

후지필름의 경우, 초기에 코닥과 기술 제휴가 되었더라

면 지금과 같은 필름의 기술력을 응용하여 전개한 사업영역은 아예 없었을지 모른다. 스노우피크와 같은 기업이 없었다면, 일본인의 몸에 맞는 캠핑용품의 사용이 어려웠을 것이며, 영원히 일본에서 모닥불은 피우지 못했을 것이다.

2. 장기간의 투자와 끊임없는 개선

일본 중견기업은 단기적인 이익보다는 장기적인 성장을 목표로, 지속적인 투자와 개선을 추구한다. 이는 카이젠 철학과 밀접하게 연관되어 있으며, 지속적인 프로세스 개선을 통해 품질과 효율성을 높이는 것과 관련 있다.

소니의 트랜지스터 라디오나 워크맨처럼 지속적인 개선을 위한 투자를 하지 않았더라면, 우리가 아는 손안에 들어가는 워크맨이나 CD플레이어에 대한 경험은 하지 못했을지도 모른다.

신에츠 화학공업은 이미 300mm 반도체 웨이퍼 시장을 독점한 상태이지만, 그 소재를 실리콘에서 질화갈륨으로 실현하는 데 성공함으로써, 차세대 반도체의 발전과 함께 AI의 발전을 가속화할 수 있는 시대를 기대할 수 있다.

3. 상생과 지역과의 협력

일본 기업들은 지역 사회와의 상생을 중시하며, 지역 경제와의 협력을 통해 지속 가능한 발전을 도모한다. 이는 지역 활성화 프로젝트와의 연계를 통해 실현되며, 기업과 지역 사회의 상호 이익을 추구한다.

코마츠 제작소는 대학에 창업자 동상이 제작되었을 정도로 하나의 지역을 상업화시키며 발전시켰다. 스노우피크의 자유로운 조직 문화와 제품은 지역적 특성이 없었으면 개발이 힘들었을 것이고, 유니클로, 유니참, 아이리스 오야마는 지역을 기반으로 지역과 상생을 하며 발전한 회사로서 지역 자체에 많은 공헌을 했다.

돗판이나 하마노 제작소처럼 수도권에 존재하는 회사 역시, 각 지역의 스타트업들과 상생을 추구하면서 성장을 도모하는 회사들도 있다. 이러한 지역 사회의 균등한 발전은 나라 전체의 인력과 자원의 활용은 물론, 지역 자치를 활성화시킨다.

4. 경영 전문화

일본 중견기업은 혈연 중심의 경영에서 벗어나, 전문성

을 중시하는 경영 구조를 구축한다. 이는 전문 인재의 채용과 육성을 통해 기업의 경쟁력을 강화하는 데 기여한다. 기업이 커지면 커질수록 전문 경영인 시스템을 도입하는 것이 일반화되어 있으며, 평사원으로 입사하여 CEO까지 된 경우도 꽤 많이 찾아볼 수 있다.

이런 경우 경영자는 창업자와 회사의 DNA와 아이덴티티를 유지하면서, 더 좋은 제도를 도입하기 위해 노력한다. 사실, 새로운 경영자가 기존의 것을 다 바꾼다고 해도, 그 경영 이념은 창업자의 결을 따르는 경우가 많기에, 기본 축, 즉, 회사의 본질을 바꾸려고 하지는 않는다.

여섯 가지
단계별 생존전략

일본은 근대화 이래 수많은 외부 문물과 기술을 받아들여 '좋은 것은 흡수하고, 더 좋게 만든다'라는 독특한 전략을 견지해 왔다. 이 과정에서 단순한 모방을 넘어, 수입된 기술이나 문화, 제도를 자국 환경에 맞게 국산화하고, 지속적 개선(카이젠)을 통해 내재화하는 경영 철학을 확립하였다. 그 결과 일본 기업들은 장기간의 경험 축적과 실패를 두려워하지 않는 태도로 혁신 역량을 키우며, 이를 통해 시대 변화에 탄력적으로 대응하는 특성을 가지게 되었다.

과거 일본 기업들이 보여준 이러한 태도는 단발적인 성

공에 그치지 않고, 장기적인 비전과 개량 과정을 통해 안정적인 혁신 기반을 마련하는 데 크게 기여했다. 예를 들어, 일본 기업들은 서구의 기술을 수용하면서도 이를 고품질, 고신뢰성의 국내 제품으로 전환하는 국산화 전략을 구사하였고, 지역 사회와의 상생을 통해 안정적 자원 확보와 고객 신뢰를 높였다. 이때 중요한 것은 단기 이익에만 매몰되지 않고 장기적 관점에서 시장 흐름을 관찰하면서 새로운 비즈니스 기회를 창출한다는 점이다. 피보팅(Pivoting)과 개선을 결합하여 상황에 따라 유연하게 비즈니스 모델을 변경하고, 실패가 발생하더라도 개선을 반복하며 궁극적으로 더 나은 성과를 끌어내는 전략은 일본식 경영 철학의 강점이라 할 수 있다.

현대에 이르러 기업 경쟁력의 핵심은 단순히 기술이나 자본력에 있지 않고, 인재를 중심으로 하는 종합적 조직 운영에 달려 있다. 일본 기업들은 전통적으로 종신고용제나 학벌주의 같은 제도를 지녀왔지만, 시대 변화에 맞추어 이를 유연하게 조정하며 인재 운용을 혁신하고 있다. 경영자나 창업자가 기업의 이념과 비전을 명확하게 제시하고, 그것을 조직 전반에 공유함으로써 단순 고용 관계가 아닌 '공동 가치 실현의 파트너십'을 형성한다. 또한 대규모 단기 채용 대신 기업 철학에 부합하는 인재를 신중히 선발하고, 이들에게 전문적 교육과 커리어 개발 기회를 제공함으로써 장기적으로 기업 성장에 기여할 인적 자산을 확보한다.

이러한 인사전략은 심리적 안정감과 개방적 소통 문화를 조성하고, 직무 로테이션 등을 통해 직원들의 잠재력을 최대한 끌어내며, HR 애널리틱스 등 데이터 기반 관리 기법을 활용해 인재 배치와 육성을 최적화한다. 궁극적으로 조직문화의 개선과 인재 활용 전략은 내부로부터 혁신 동력을 확보하고, 신속한 의사결정과 과감한 실행력을 지원하는 토대가 된다.

미래 지향적 관점에서 기업은 더 이상 특정 산업의 실적 개선이나 주주가치 극대화만으로는 생존을 담보하기 어렵다. 기후변화, 자원 고갈, 노동력 감소, 글로벌 밸류체인 재편, 디지털 전환 등의 거대한 파고 속에서 기업은 인류 전체의 지속 가능성을 위한 비즈니스 모델을 고민해야 한다. 일본 기업들은 이러한 흐름 속에서 UN이 제시한 지속 가능 발전 목표(SDGs)를 경영 전략과 연계하고 있으며, 환경 보호, 양질의 교육, 성평등, 글로벌 파트너십 강화 등과 같은 전 지구적 이슈를 기업 활동과 접목한다. 이는 단순한 기업 이미지 관리나 CSR 활동을 넘어 기업 본연의 존재 이유와 미래목표를 인간, 사회, 지구라는 광범위한 맥락 안에서 재정립하고, 그 과정에서 혁신적인 기술 개발과 새로운 시장 창출로 이어진다. 이처럼 지속 가능성을 핵심 전략으로 삼으면, 장기적 신뢰 확보, 국제 협력 확대, 안정적인 자원 조달, 그리고 새로운 고객층 확보 등이 가능해진다.

이처럼 일본 기업들의 전략적 대응 방식은 과거-현재-미래를 유기적으로 연결하고 있다. 이제 그 단계별 핵심 요소를 살펴보고 좋은 것은 흡수해 보자.

첫째, 슬로건의 중요성, 회사 비전을 명확하게 세워라

기업이 왜 존재하고 무엇을 추구하는지에 대한 명확한 방향성은 창업자의 신념에서 출발해 현대 경영과 미래 존속을 관통하는 핵심 전략의 축이다. 기업의 슬로건과 비전을 명확히 제시하는 이유는, 모든 임직원이 공통된 가치와 목표를 이해하고 공감하며 발전시킬 수 있도록 하는 데 있다. 이는 결국 내부 의사결정과 조직 문화 형성의 기준점으로 작용하며, 초기 단계에서 설정한 비전 및 이념은 시간이 흐르며 시대적 맥락에 맞게 재해석되어 기업의 지속 가능한 성장에 기여한다.

전략경영 이론에서도 비전(vision)과 미션(mission)은 기업 전략 수립의 출발점으로 간주된다. 예를 들어, 짐 콜린스와 제리 포러스의 책 《성공하는 기업들의 8가지 습관(Built to Last)》에서 제시된 '비전 기업(Visionary Companies)' 개념에 따르면, 강력하고 명확한 비전이 있는 기업들은 시대 변화 속에서도 핵심 가치를 유지하며, 혁신하고 발전하는 경향이 크다. 즉, 회사 비전은 단순한 구호가 아닌, 조직 구성원들에게 공유된 '핵심 이념(Core Ideology)'으로서, 장기적 관점에서 기업이 어떤 가치를 만들고 사회에 어떤 공헌을 할 것인가를 제시하는 나침반과도 같다.

그렇다면, 이 책에서 일본 기업의 슬로건에서 공통점을 발견하였는가? 바로, 일본 국민과 국가 모두 풍요로워지기 위한 기업관이 담겨있다. 파나소닉의 창업자 마쓰시타 고노스케는 "가전제품을 통해 사람들의 생활을 편리하고 풍요롭게 한다"라는 신념을 강조했고, 혼다는 "인간의 이동 경험을 개선하고 즐거움을 전달한다"라는 '3 Joy(구매의 기쁨, 판매의 기쁨, 창조의 기쁨)'를 비전의 핵심으로 내세웠다. 이러한 비전들은 단순히 기업 내부를 넘어, 일본이라는 사회 전체의 발전과 '국민 생활의 풍요로움'을 목표로 삼아왔다. 이것은 당시 메이지유신 이후 서양 문물을 적극적으로 받아들이며 경제 성장을 꾀한 일본 사회의 분위기와 맞물려, 기업들이 국가·사회 차원의 성장 기반을 함께 다져나가는 과정에서 태동한 일종의 '공유 가치'였다.

물론, 이러한 국가나 사회 발전에 대한 기업 비전이 자칫 전체주의적 세계관이나 군국주의적 맥락으로 흐를 위험성도 있을 수 있어 조심스럽다. 그러나 전후(戰後) 일본 경제 부흥기를 살펴보면, 기업의 비전은 대부분 고객 만족, 품질 개선, 기술 혁신, 노동자의 안정적인 생활, 지역 사회 기여 등 평화롭고 생산적인 방향으로 구현되었다. 이는 인류가 전쟁과 대립을 극복하는 과정에서, 경제 발전과 생활 수준 향상을 단순한 수탈이 아닌 상호 협력과 가치 창출을 통한 풍요로움으로 전환하려는 시대적 흐름과 맞닿아 있다고도 볼 수 있다.

한편, 한국 또한 경제 개발 과정에서 '새마을 운동', '금 모으기 운동' 등을 통해 국가적 위기를 극복하고, 사회 구성원들이 함께 협력한 경험이 있다. 이를 정치적 혹은 군사적 의도로만 해석하기보다는, 모두가 어려운 시기에 협력과 공유 가치를 통해 극복하고자 한 '국가 비전'의 표현으로 볼 수 있다. 일본 기업들의 장기적 번영 뒤에는 이러한 사회·문화적 기반에 더해, 창업자가 제시한 구체적 가치관과 이를 실천할 수 있는 명확한 경영 전략이 존재했다. 그리고 이 경영 전략의 근간에는 비전과 이념이 든든한 뿌리로 자리 잡고 있었다.

초기 단계의 비전 설정과 이념 확립은 아름다운 미사여구를 만드는 일이 아니다. 기업의 성장과 발전, 그리고 위기 극복 과정에서 조직 구성원들이 의사결정 시 돌아갈 수 있는 '근본'을 마련하는 행위이다. 이러한 근본 위에 비즈니스 모델, 혁신 전략, 마케팅 방침, 해외 진출 계획 등 구체적 실행 방안이 쌓여갈 때, 기업은 장기적 관점에서 흔들리지 않고 지속적으로 번영할 수 있는 토대를 갖추게 된다. 따라서 기업의 영속성과 확장성, 그리고 국제적 경쟁력 확보 과정에서 의사결정의 기준점이 된다.

초기 단계에서 비전을 제대로 설정하지 못하면, 회사가 커질수록 조직 내 혼란이 커지고, 시장 변화에 발맞춰 유연하게 대응하기 어렵다. 반면, 창업자의 사상과 신념을 토대로 명확하게 정립한 비전은 시간의 흐름 속에서도 기업 문화를 단단히 지탱하고, 구성원들에게 일관된 방향성을 제공한다. 이때 전략경영 이론에서 제안하는 '핵심 가치(Core Values)'와 '핵심 목적(Core Purpose)'은 기업이 외부 환경 변화를 수용하면서도 중심을 잃지 않도록 하는 기능을 하기에 중요하다.

둘째, 결단하고 책임질 수 있는 리더가 있어야 한다

불확실한 시대일수록 리더의 과감한 판단과 신속한 실행이 필요하다. 이는 회사의 비전과 미션 하에 장기적인 개발과 개선(카이젠) 정신을 이어받아, 끊임없는 기술 연구, 사업 다각화, 해외 진출 등 다양한 시도를 추진할 수 있어야 한다는 의미이다. 즉, 기업 DNA에 내재된 가치와 방향성에 맞춰 의사결정을 내리고, 그 결정이 실제 성과로 이어지도록 적극적으로 행동해야 한다.

그러나 여기서 말하는 결단력은 '독단적인 리더십'을 의미하지 않는다. 오히려, 성공적인 리더십이란 단기적 성과에 연연하지 않고, 기업 전체를 위해 장기적으로 옳은 결정을 내릴 수 있는 통찰력과 책임감을 수반해야 한다. 경영 환경이 녹록지 않을 때, 가장 손쉬운 해법은 직원들에게 가해지는 비용(복리후생 축소, 구조조정)을 줄이는 것이지만, 이는 인적 자원을 단순히 비용 항목으로만 간주하는 단편적 시각이다. 이러한 단기적 '해결책'은 기업 문화를 파괴하고, 조직 역량을 약화시키며, 결국 장기적으로는 경쟁력까지 손상시킬 수 있다.

리더십 이론에서 이러한 리더의 역할은 '트랜스포메이셔널(transformational) 리더십'이나 '서번트(servant) 리더십'의 개념과 맞닿아 있다. 트랜스포메이셔널 리더십은 리더가 구성원들에게 영감을 부여하고, 개인의 성장을 지원하며, 조직의 비전 실현을 위해 모두가 자발적으로 참여하도록 유도한다. 서번트 리더십은 리더가 조직원들을 '섬기는' 자세로 임하고, 팀원들의 성장과 복지를 최우선시하며, 이것이 곧 조직의 장기적 성공으로 이어진다는 철학을 담고 있다. 또한 짐 콜린스가 제안한 '레벨 5(Level-5) 리더십'에서는 최고의 리더는 겸손과 전문성을 바탕으로 성공은 조직원에게 돌리고 실패는 스스로 감당하는 모습을 강조한다.

경영만 전문적으로 하는 리더가 때로는 실패의 부담을 특정 개인에게 전가하거나 본인과 관련된 증거를 없애기 위해 애쓰는 태도는, 궁극적으로 조직 문화에 심각한 훼손을 가져온다. 이러한 '책임 회피형' 행동은, 오히려 현장에서 열심히 일한 직원들에게 불이익을 초래하는 역설적 상황을 가져오기도 한다. 이는 리더가 단순히 권력을 유지하기 위해 정당한 의사소통과 문제 해결의 과정을 훼손하는 행위이며, 조직 내 신뢰를 송두리째 흔들 수 있다. 이러한 문제를 방지하려면, 성숙한 자세로 회사의 비전을 함께 하되, 그 역할과 권한에 책임을 질 수 있어야 한다.

종합하자면, 리더의 결단력은 단순히 강압적이고 단기적인 의사결정 능력을 의미하지 않는다. 오히려 책임감 있고 장기적이며, 인간 중심의 관점에서 가치 있는 선택을 내릴 수 있는 통찰력을 요구한다. 실패를 특정 개인에게 덮어씌우는 대신 조직 전체의 역량을 향상시키는 방향으로 문제를 해결할 수 있어야 하며, 이를 위해선 신뢰 기반의 리더십 모델을 실천하는 리더를 선발하고, 창업자나 CEO 스스로 이러한 덕목을 지속적으로 학습하고 내재화해야 한다. 그렇다면, 어떤 리더를 뽑아야 할까?

셋째, 인사에서는 채용과 교육이 제일 중요하다

 급변하는 비즈니스 환경 속에서 기업이 지속적인 경쟁 우위를 확보하기 위해서는 '인재 채용'부터 전략적인 관점으로 접근할 필요가 있다. 단순히 스펙이나 단기 성과를 기준으로 사람을 뽑기보다, 기업의 장기적 비전과 이념에 공감하고 조직 문화와 조화를 이룰 수 있는 인재를 선발하는 것이 더욱 중요해졌다. 이러한 관점은 조직 행동론, 인적자원관리(HRM) 이론, 그리고 글로벌 경영 컨설팅 기관들의 연구 결과를 통해서도 재차 확인할 수 있다. '조직 적합성(PO Fit)' 개념이나 맥킨지(McKinsey)의 '인재 전쟁(War for Talent)' 보고서 등은 가치 일치도를 기반으로 한 인재 선발이 장기

성과에 긍정적 영향을 미침을 보여준다.

특히 인재 채용 단계가 교육보다 중요한 이유는, 처음부터 기업 이념과 가치관을 이해하고 수용하는 인재를 영입하면 이후의 재교육, 갈등 조정, 조직 문화 개선 등에 드는 노력을 크게 줄일 수 있기 때문이다. 이는 '처음부터 맞는 사람을 찾는 것'의 효용성을 강조하는 전략적 접근으로, 장기적 관점에서 인재를 '인적 자원'이 아닌 '인적 자본'으로 바라보게 한다. 이를 위해서는 기업의 브랜딩 접근 전략이 다각도로 이뤄져야 한다.

1. 인재 채용 시 고려해야 할 주요 요소

① 회사 미션·비전 및 가치관에 대한 이해와 존중

기업은 장기적 비전을 실현하기 위해 그 비전을 진심으로 공유하고 발전시킬 수 있는 인재를 필요로 한다. 이를 위해서는 신입사원이라 할지라도 회사가 추구하는 가치, 고객에게 제공하고자 하는 핵심 가치를 이해하고 이를 해치지 않는 사람을 선발해야 한다. 짐 콜린스와 제리 포러스의 책에서도 핵심 가치에 동의하는 인재 선발이 조직문화와 전략적 일관성 유지에 필수적임을 강조한다. '가치 일치도(value alignment)'는 장기적 고성과를 창출하는 핵심 요소로 언급되고 있다.

② 협업 기반의 장기 파트너십 지향

영웅주의(hero complex)나 단기 개인 성과에 집착하기보다, 조직 전체의 이익을 생각하고 다양한 부서·팀원들과 협력할 수 있는 인재가 중요하다. 이런 인재는 권위를 과시하거나 독단적으로 행동하지 않고, 타인의 의견을 존중하며 시너지 효과를 내는 조직 문화를 강화한다. 물론, 협력은 하되 실행은 제대로 하지 않는 인재는 이 분류에 속하지 않는다. 글로벌 플랫폼 링크드인(LinkedIn)의 인재 솔루션 보고서에 따르면, 협업 능력과 팀워크를 중시하는 기업 문화에서의 인재는 문제 해결 속도와 혁신 창출 능력이 높게 나타난다고 한다.

③ 성장 잠재력과 자기 계발 의지

현재 스펙보다 더 중요한 것은 앞으로 발전할 수 있는 '성장 가능성'이다. 자기 계발에 적극적이고, 자기 관리 능력이 있으며, 변화하는 시장 환경 속에서 새로운 기술이나 지식을 스스로 습득할 수 있는 인재는 장기적으로 회사에 더 큰 가치를 가져다준다. 구글이나 메타 등의 기술 기업은 '러너스 마인드셋(Learner's mindset)'을 갖춘 인재를 선호하며, 이는 급변하는 기술 환경에 빠르게 적응하고 혁신을 주도하기 위한 필수조건으로 인식된다.

④ 조화로운 대인관계 능력과 다양성 포용력

국제화, 디지털 전환, ESG(환경·사회·지배구조) 강화 등 기업 환경 변화 속에서 다양한 배경, 생각, 문화, 언어를 가진 사람들과 원활히 협력할 수 있는 인재는 필수적이다. 이때 위선이나 이중잣대를 피하고, 진정성 있게 다른 사람의 관점을 존중하며, 다양성을 수용할 수 있는 태도가 요구된다. 글로벌 HR 전문 매체 〈SHRM(Society for Human Resource Management)〉은 '포용력(Inclusivity)'과 '문화적 역량(Cultural Competence)'을 현대 기업 인재의 필수 자질로 꼽는다. 이러한 역량을 갖춘 인재는 혁신성과 창의성을 높이는 데 기여한다고 밝혔다. 이는 다양한 관점을 가진 팀이 오히려 문제 해결에서 탁월한 성과를 내며, 여기에 기여하는 인재는 장기적으로 조직 혁신에 긍정적 영향을 준다는 보고가 있다.

⑤ 글로벌 경험 및 개방적 시각

이는 외국어를 잘하는 인재를 채용하라는 의미가 아니다. 좁고 편협한 시각이 아닌, 다양한 시각으로 글로벌 경험이나 국제적 감각을 갖춘 인재를 채용함으로써, 해외 파트너십 구축, 글로벌 시장 진출, 다양한 문화와 소비자 특성을 이해할 수 있다는 것이다. 포춘(Fortune) 500대 기업이나 대형 투자은행, 컨설팅펌은 해외 프로젝트 경험(Global Assignment)이나 다국적 팀에서 근무한 경험을 높게 평가하며, 이는 기업이 글로벌 스케일로 성장하는 과정에서 핵심 경쟁력이 된다.

⑥ 조직 기여도를 극대화하는 책임감과 진정성

자신의 역할을 명확히 이해하고, 이를 충실히 이행하며, 궁극적으로 회사 성장에 이바지하려는 책임감 있는 태도가 필요하다. 이때 진정성과 윤리적 기준을 갖춘 인재는 회사와 이해관계자, 나아가 사회에 긍정적 영향을 미친다. 〈하버드비즈니스리뷰(HBR)〉에서는 도덕적 인격과 윤리적 판단력을 갖춘 인재들이 기업 평판 관리와 리스크 예방에 기여한다고 강조한다. '신뢰(trust)'가 장기적 거래 관계 구축, 브랜드 가치 형성, 고객 충성도 확보에 상당히 중요한 영향을 미치는데, 이를 실천하는 인재는 조직 안정화와 지속 가능성 향상에 도움을 주고, 기업의 지속 가능성을 현실화하는 데 기여한다.

2. 제너럴리스트와 스페셜리스트

한 사람이 여러 가지 일을 얕게 하는 제너럴리스트를 인건비 측면에서 선호하기보다는, 특정하게 디테일 해야 할 분야에서는 전문성을 갖춘 스페셜리스트를 육성하는 것이 차별화된 경쟁력을 확보하는 길이다. 본인이 좋아하고 잘하는 분야에 집중하여 전문성을 발휘하게 함으로써 기업은 내부에 '스페셜리스트 풀'을 형성할 수 있고, 이는 혁신과 경쟁력 강화에 지속적인 동력을 제공한다. 이를 통해 기업은 불확실한 시대에도 흔들림 없는 성장을 구현할 수 있다.

기업 내부적으로 인재 풀(Internal Talent Pool)을 구축하는 것은 장기적인 관점에서 꽤 유용하다. 이미 회사 문화와 비전을 이해하고 있는 내부 인재를 재배치하거나 승진시키는 등, 내부 인력 활용은 신속한 의사결정과 단기 생산성 제고에 강점이 있다. 그러나 기업의 성장 및 글로벌화가 가속되고, 전문성 요구 수준이 높아질수록, 내부 인재만으로 채워지지 않는 영역이 있기에, 외부 인력 채용에 있어 전문적 파트너십 구축의 중요성이 커진다.

이는 '우리 회사에 맞출 수 있는 사람'을 찾는 것이 아니다. '시장의 우수한 인재 풀에서 가장 적합한 인재'를 발굴할 수 있음을 의미한다. 이로써 장기적인 전략 수립에 도움을 줄 뿐만 아니라, 문화적 다양성과 경제 발전 단계 차이, 국가별 노동법 및 비즈니스 관행 차이 등으로 복잡한 인사 채용 전략을 수립하는 데 있어 도움이 된다.

한국 회사들이 글로벌 전략을 실행하는 데 있어 인재 채용에 많은 어려움을 겪는데, 그 이유는 국내에서 채용하듯 회사에 적합한 인재를 채용하기 때문이다. 전문 컨설팅을 통해 글로벌 플레이어로서 우수 인재를 채용한다면, 단순한 인력 충원을 넘어, 장기적으로 조직 역량 강화와 혁신 동력 확보를 위한 인재 생태계를 구축할 수 있다.

시장에 대한 이해가 적지만 말이 통하는 열정적인 인재

를 뽑는 것은 상당히 위험한 일이다. 또한, 현지 실무를 경험하지 않고 관리만 한 인재를 배치하는 것 역시 리스크가 크다. 다만, 로컬에 맞는 보상 체계, 팀의 구축, 시스템 도입 등의 단계가 보조가 해야 할 것이다. 시장에 대한 가능성을 타진하기 위해, 1명으로 다양한 일을 시키는 것이 특정 국가에서는 통용이 되지 않으며, 그 시장이 채용률 98% 이상의 일본과 같은 나라일수록 실패할 확률이 크다.

빠르게 시장을 타진해 보려다가, 정보도 제대로 얻지 못하고 비용과 시간만 낭비하는 경우를 종종 목도하곤 한다. 대한민국의 '일당백', '북극에서도 냉장고를 파는' 사람이 전 세계에 있다고 생각하면 오산이다. 당신이 할 수 없는 것은 그들도 할 수 없다. 더군다나, 그들은 창업자로 투자하는 것이 아닌 월급만 받으면 되기 때문에, 업무를 대하는 자세부터 다를 수밖에 없다.

3. 리더 채용의 방법

단순히 카리스마나 단기 성과로 평가되는 리더가 아니라, 장기적인 비전 아래 팀원들의 잠재력을 최대한 발휘하게 하고, 책임을 공유하며, 불확실한 환경에서도 원칙과 가치를 지킬 수 있는 인물을 선발하는 것이 중요하다.

① 가치 공유와 공감 능력

조직의 이념과 비전을 깊이 이해하고 이를 구성원에게 진정성 있게 전달할 수 있는 리더. 이 과정에서 직원의 의견을 경청하고, 이를 전략적 의사결정에 반영할 수 있는 공감 능력이 필수다. 물론, 그 의사결정에 창업자의 비전과 미션인 근본이라는 큰 토대는 지켜져야 할 것이다.

② 투명하고 건설적인 의사소통

의사결정 과정을 명확히 하고, 실패나 문제점을 숨기지 않으며, 구성원들에게 개선을 위한 피드백을 솔직히 제공하는 리더. 이를 통해 직원들은 두려움 없이 아이디어를 제안하고, 문제를 드러내며, 장기적으로 조직 성장을 견인하는 '심리적 안정감'을 갖게 하는 것은 정말 중요하다.

③ 장기적 관점과 책임감

단기적 이익보다 장기적 생존과 발전에 초점을 두며, 어려운 상황에서도 인간 중심의 가치를 지키는 자세를 가진 리더. 구조조정이나 복리후생 축소라는 쉬운 길을 택하기보다, 어떻게 하면 변화에 뒤처지지 않고 새로운 길을 개척할지 고민하고 실천할 수 있어야 한다. 리더는 계약직이지만, 그 계약기간에만 소임을 다하면 된다고 생각하는 리더는 기업보다는 투자사나 컨설팅사가 맞다.

④ 실패를 학습 기회로 삼는 자세

실패를 특정 개인의 탓으로 돌리기보다 시스템적 개선과 학습의 기회로 삼는 리더. 이를 위해 문제 상황을 객관적으로 분석하고, 필요한 경우 책임을 기꺼이 감수하며, 구성원과 함께 대안을 모색한다.

넷째, 윤리적 경영과 조직 문화

글로벌 비즈니스 환경에서 기업의 지속 가능한 성장과 혁신을 위해서는 '윤리적 경영(Ethical Management)'과 이를 뒷받침하는 조직 문화가 필수적이다. 특히 '심리적 안정감(Psychological Safety)', '개방적 소통(Open Communication)', '지속적 개선

(Kaizen) 정신'은 구성원들이 자유롭게 의견을 제안하고 실패를 학습 기회로 활용하여 끊임없이 가치를 창출할 수 있는 기반을 마련한다. 이러한 문화적 특성은 일본 기업들의 사례를 통해 선명하게 드러난다.

- **심리적 안정감:** 위계질서를 강조하는 유교적 가치관의 기업 문화와는 달리, 수평적이고 참여를 독려하는 환경을 중시한다. 일본 기업들은 이러한 '심리적 안정감'을 기반으로 품질 개선, 서비스 혁신을 가능케 하는 플랫폼을 구축해왔다.
- **개방적 소통:** '네마와시(根回し. 다양한 배경의 직원들이 비공식적으로 의견을 내놓을 수 있는 기회)'나 '반성'과 같은 일본의 전통적 의사소통·합의 형성 문화는 다양한 이해관계자의 의견을 사전에 청취하고, 문제점을 공론화하는 과정을 거쳐 최적의 의사결정을 내리는 것을 중시한다. 현대적으로 해석하면 이는 상호존중과 수평적인 의견 교환, 피드백 루프 형성 등 개방적 소통 체계를 의미한다. 구성원들은 자신의 제안이 인정받고 반영될 가능성이 크다는 것을 인식할 때 더욱 적극적인 참여와 창의적

아이디어를 제시한다.
- **카이젠 정신**: '카이젠'은 '더 나아지기 위해 지속적으로 개선한다'라는 철학으로, 소니 등 많은 일본 기업의 근간을 이룬다. 이는 단순히 공정 개선이나 생산성 향상에 그치지 않고, 직원 한 명 한 명이 문제점을 발견하고 제안하며, 실패를 반성하고 재도전하는 과정을 통해 집단지성과 혁신을 일으키는 문화적 토대이다.

윤리적 경영과 심리적 안정감을 갖춘 조직 문화는 단기 성과뿐 아니라, 장기적으로 브랜드 명성, 고객 신뢰, 사회적 책임 달성 측면에서도 긍정적 효과를 낸다. 일본 기업들의 사례는 이를 잘 보여준다. 규칙과 규범, 윤리 기준을 지키면서도 직원 개개인의 창의성을 발휘하게 하고, 실패를 부담하지 않고 개선의 기회로 삼는 문화를 형성한다면, 기업은 외부 변화에 유연하고 신속하게 대응할 수 있다. 또한, 이러한 문화는 ESG(환경·사회·지배구조) 경영이 강조되는 현대 비즈니스 환경에서 더욱 중요한 의미를 갖는다. 내부적으로 윤리와 신뢰를 바탕으로 한 소통 구조를 갖추고 지속적 개선을 추구하는 기업은 외부 이해관계자(고객, 투자자, 지역 사회)로부터 높은 평판을 얻을 가능성이 크며, 이는 결국 기업의 가치 극대화와 지속 성장으로 이어진다.

다섯째, 리스크를 관리하라

불확실성이 심화되는 글로벌 비즈니스 환경에서 기술 발전 속도, 환경 규제 강화, 노동력 부족, 경제·정치적 변화 등 다차원적 리스크 요인을 미리 식별하고, 대응 전략을 수립할 수 있는 리더는 기업 생존의 핵심적 역할을 수행한다. 이러한 리더십은 단순히 문제 발생 시 '소방수' 역할을 하는 것이 아니라, 사전에 위험을 예측하고 완화하며, 기회를 새롭게 창출하는 '전략적 안전망'을 구축하는 데 초점을 맞춘다.

- **시나리오 플래닝**(Scenario Planning): 경영학자 피터 슈워츠(Peter Schwartz)와 셸(Shell) 등 글로벌 기업 사례에서 발전한 시나리오 플래닝은 다양한 미래 환경을 가정하고, 그에 따른 대안을 미리 준비하는 기법이다. 이를 통해

기업은 기술 변화나 규제 강화 같은 불확실한 변수를 예측 가능한 시나리오로 전환하고, 각 시나리오에 적합한 대응 전략을 선제적으로 마련할 수 있다.

- **기업 리스크 관리(ERM) 프레임 워크:** COSO(Committee of Sponsoring Organizations of the Treadway Commission) ERM 모델은 리더가 전략적 목표를 달성하는 과정에서 발생할 수 있는 리스크를 총체적으로 파악하고, 이를 기업 전반에 걸쳐 관리하는 체계를 제시한다. 이러한 이론적 틀 하에서 리더는 재무적·비재무적 리스크를 균형 잡힌 시각으로 이해하고, 경영 의사결정에 반영할 수 있다.

일본 기업의 경우 이러한 리스크 관리를 통해 생존하고 성장하였는데, 토요타의 경우는 2011년 동일본 대지진 이후 공급망 병목 현상을 겪었지만, 주요 부품의 이중·삼중 조달 루트 확보, 부품 표준화, 협력사와 긴밀한 커뮤니케이션 강화 등을 통해 공급망 회복탄력성(resilience)을 높였다. 이러한 대응 전략은 추후 천재지변 발생 시에도 신속한 대응을 가능케 했으며, 불확실한 상황 속에서도 안정적인 생산 체계를 유지함으로써 기업 존속을 뒷받침했다.

또한, 일본 내 고령화와 노동력 감소라는 구조적 문제에 직면한 유명 IT 기업들(NEC, 후지쯔, NTT 등)은 자동화, AI 활용, DX를 추진하며 생산성 향상과 인력구조 재편을 통한 리스크 관리를 시도했다. 이는 단순히 인건비 절감이 아니라, 중장기적으로 기업 경쟁력을 유지하고 고객가치를 극대화할 수 있는 환경을 만들기 위한 선제적 대응으로 해석할 수 있다. 그렇기에, 일본의 대부분 상장사에서는 앞다퉈 해외 IT 인력 유치하고 있으며, 정부 또한 이를 위해 '비자 완화정책'을 실시하였다. 일본 내에서 대졸 신입은 98%에 육박하고 있고, 이공계 인재의 부족함으로 인해, 인도, 미얀마, 중국, 말레이시아 등의 해외 인재를 적극적으로 유치하고 있으며, 한국 역시 예외는 아니다.

리스크 관리를 잘하는 리더를 갖춘 기업은 외부 충격에도 흔들리지 않고 안정적으로 운영될 뿐만 아니라, 오히려 변동성을 성장 기회로 전환할 수 있다. 이는 곧 고객, 투자자, 협력사, 사회적 이해관계자로부터 신뢰를 얻고 장기적 파트너십을 유지하는 기반이 되며, 기업 가치를 지속적으로 제고한다. 또한, 이러한 접근은 단순한 방어 기제를 넘어 경쟁 우위를 확보하는 전략이 될 수 있다. 시장의 불확실성 속에서 사전에 시나리오를 수립하고, 각각에 대응하는 조직 구조와 역량을 준비해 두면, 기업은 변화하는 환경에서 빠르게 방향을 전환하거나 신사업 기회를 포착할 수 있다.

한국이나 미국 기업들이 주주 압력, 단기 성과에 대한 집착으로 비용 절감이나 구조조정을 우선하는 가운데, 일본 기업들은 장기적 관점에서 기술 개발, 공급망 재구성, 친환경 전략 추진, 신사업 진출 등 미래 대비형 투자를 지속해 왔다. 당장 눈에 보이는 실적 개선이나 단기적 성과를 내기 위한 임시방편이 아니라, 불확실한 환경 속에서 구조적 안정성과 장기적 경쟁력을 확보하기 위한 전략적 선택이 필요한 시점이다.

여섯째, 외부와의 협력을 두려워하지 마라

불확실성과 복잡한 리스크 요인이 산재한 시대에는 '내부 시각'만으로는 미래 방향을 온전히 파악하기 어렵다. 내부 인재 풀과 사내 경험만으로 새로운 문제를 해결하는 데는 한계가 있으며, 이는 단기적 대응 능력을 넘어 장기적 성장 잠재력까지 제약할 수 있다. 반면, 전문 경영컨설팅 파트너나 에이전시 등과 협력한다면, 보다 넓은 시야와 다양한 실무 경험을 통한 통찰력을 확보할 수 있다.

물론, 컨설팅을 활용한 사례 중에는 실패 경험도 존재한다. 예측 불가능한 시장 변화나 기업 내부 사정과 맞지 않는 솔루션, 실행 과정에서의 의사소통 문제 등으로 원하는 성과를 내지 못한 사례도 분명히 있다. 그러나 이러한 시행착오에도 불구하고, 글로벌 스케일에서 성공적으로 컨설팅을 활용해 경쟁 우위를 확보한 기업은 훨씬 더 많다. 불확실한 환경일수록 외부 전문가와의 협업은 신속하고 유연한 대응을 가능케 하며, 새로운 성장 기회를 포착하는 촉매 역할을 한다.

특히 인사 채용이나 교육, 경영 전략 분야에서는 외부 에이전시나 컨설턴트를 활용하는 것이 상대적으로 접근하기 쉬운 선택일 수 있다. 기업 인사팀 및 에이전시 경험을 고르게 갖추고 있는 저자의 경험을 비추어 보건데, 내부 인사팀은 기업 문화를 잘 알지만 한정된 네트워크와 경험에 묶일 수 있으며, 특정 시장이나 직무, 지역 인재 확보에 익숙하지 않을 수도 있다. 반면, 다양한 산업과 지역에서 경험을 쌓은 외부 에이전시는 객관적이고 폭넓은 시각으로 우수 인재를 발굴하며, 기업 가치관에 맞는 인재를 추천할 수 있다. 이를 통해 기업은 시행착오를 줄이고 전략적인 채용을 이룰 수 있으며, 장기적으로 조직 역량과 경쟁력을 강화하는 밑거름을 마련하게 된다.

결론적으로, 불확실한 시대에 내부 시각에만 매몰되는 것은 위험하다. 실패 사례가 없진 않지만, 전반적으로 전문 컨설팅이나 외부 에이전시와의 협력은 기업 성장과 혁신을 지원하는 강력한 도구가 될 수 있다. 과감하게 외부 전문성을 받아들이고, 장기적 관점에서 이를 적절히 활용한다면, 기업은 더 큰 가능성과 새로운 기회를 통해 불확실성의 파고를 넘어 지속적인 발전을 달성할 수 있을 것이다.

단기 성과 압력 속에서 즉각적인 대응만으로는 불확실한 미래에 대비하기 어렵다. 장기적 관점에서 비전과 가치관을 공유하고, 적합한 인재를 선발·육성하며, 윤리적이고 개방적인 조직 문화를 조성하고, 리스크를 사전에 식별·관리하며, 장기적 투자와 R&D를 수행하는 전략적 접근이 중요하다. 일본 기업들의 사례와 이론적 근거는 이러한 접근이 가능하며, 궁극적으로 기업을 안정적으로 성장시키는 토대가 될 수 있음을 보여준다. 또한 전문 컨설팅 파트너와의 협업을 통해 글로벌 스케일에서 다양하고 우수 인재와 지식 자원을 활용한다면, 기업은 불확실한 시대에도 흔들리지 않고 지속 가능한 발전을 이룰 수 있다

시사점

앞서 언급한 전략들은 한국 기업들에 시사점을 제공한다. 특히 한국의 소기업이 중소기업으로, 그리고 더 나아가 중견기업 및 대기업으로 성장하는 과정에서, 자본력, 인재 확보, 규제 환경 등 다양한 제약이 존재한다. 그럼에도 불구하고 일본 기업 사례에서 보듯, 단순한 외부 기술의 도입에서 끝나지 않고 이를 자국 시장과 조직 여건에 맞춰 재해석하는 능력(국산화), 장기적 관점에서 피보팅과 개선을 거듭하는 끈기와 인내, 유연한 조직 문화와 인재 채용의 혁신(글로벌 인재 채용), 그리고 글로벌 스탠다드를 반영한

지속 가능성 전략 등을 벤치마킹한다면, 한국 중소기업들도 글로벌 무대에서 경쟁할 수 있는 역량을 충분히 갖출 수 있을 것이다.

물론 이러한 변화를 단기간에 달성하기는 쉽지 않다. 한국 중소기업들은 국내 시장에 제한된 자원과 인력, 불균형한 산업 생태계, 대기업 중심의 구조적 문제 등 다양한 난관에 부딪힌다. 하지만 제대로 된 인재의 채용, 교육과 조직 문화의 개선, 지속 가능성 개념 내재화, 해외 파트너십 확대 등을 추진한다면, 한국 기업들도 글로벌 경쟁력을 갖출 수 있다. 이를 위해서는 단순히 해외 사례를 읽고 이해하는 수준을 넘어, 실제 회사 상황에 맞는 전략을 세부적으로 수립하는 것이 중요하다.

일본의 사례를 구체적으로 적용해보는 것도 추천한다. 비슷한 규모와 산업에 있어, 다층적인 산업 구조, 오랜 혁신 역사, 지역 상생 경험, 세계적으로 인정받는 품질 관리 역량과 지속 가능성의 실천 사례가 스타트업부터 대기업에 이르기까지 다수 보유하고 있다. 일본 사례를 심층 분석하고, 한국 기업 고유의 환경을 고려한 단계별 맞춤형 컨설팅을 통해 좋은 것은 흡수하고 리스크는 줄일 수 있다면, 한국 스타트업 및 중소기업들은 더욱 효과적인 전략을 모색할 수 있을 것이다. 이는 단순히 투자 유치, 생산성 향상 및 비용 절감의 측면만이 아닌, 기업의 비전 재정립, 구성원 전략, 조직 문화 혁신, SDGs 기반 지속 가능 성장 모델 구축, 글로벌 시장 진출 준비 등 다양한 측면에서 도움을 줄 수 있다.

더 큰 성장을 꿈꾸며 글로벌 무대에서 활약하기 위해 단순한 정보 수집을 넘어 실제 성과로 이어지는 전략 실행을 해보는 것이 필요하다. 일본의 다양한 우수 사례를 체계적으로 정리하고, 한국 기업에 최적화한 실행 로드맵을 제시하는 컨설팅을 통해, 스타트업들과 중소기업들이 글로벌 경쟁력을 갖춘 기업으로 성장할 수 있는 기반을 다지고 나아가는 그날을 기대해 본다.

에필로그

장기 불황과
위기의 길목에서

사실 한국에서 일본을 바라보는 시선은 꽤 복잡합니다. "일본 이제 별거 아니잖아"라고 우기는 사람도 있고, "애초에 관심 없어"라며 손사래 치는 이들도 있습니다. 그런데 가끔 '일본이 한국보다 못살지 않느냐'는 말을 들으면 왜 그런 생각을 하게 되었을까 궁금하기도 합니다. 안타깝게도 실제 우리가 생각한 것만큼 일본은 추락하지 않았습니다. 일본은 사실 선진국 지위에서 내려온 적이 없고, 투자나 사업 환경 측면에서도 상당히 매력적인 시장으로 손꼽히고 있습니다.

한 예로 워런 버핏이 투자하고, 오픈AI가 아시아 거점으로 선택한 나라, 대졸 신입 취업률 98+%에 일부 기업은 정년 70+세까지 연장 등 글로벌 기업들의 구애를 받으며 재도약하는 일본의 모습은, 한국에게 묘한 긴장감을 불러일으킵니다. 국내 경기는 한때 계속되는 성장에 희망이 부풀었던 시간도 있었지만, 에필로그를 쓰는 이 시점에는 계엄과 탄핵, 지역주의보다 더 심해진 양극화, 계속되는 원화 가치의 하락, 경제 둔화 조짐에 해외 투자자들의 이탈, 글로벌 기업의 투자계획 철수, 청년 실업률의 급증 등 연일 힘들어진다는 뉴스에, 매일 치열하게 살고 있는데도 불구하고 더 이상 어떻게 노력해야만 하는지 갑갑한 상황입니다.

심지어 자는 순간에도 발전하는 AI를 생각하면, 현재 한국은 글로벌 AI 패권에 얼마나 뒤처지지 않고 가고 있는지 걱정스럽습니다. 우리는 인구도 적고 샘플도 적어 또 로컬라이제이션을 하고 있는데, 우리보다 인구수 두 배인 일본이 인구가 적다며 미국에 연신 러브콜을 보내고, 투자하며 더 넓은 샘플과 기술을 모으기 위해 뛰고 있기 때문입니다.

한동안 한국 매체에서는 "우리가 일본을 넘었다"라는 식의 기사로 넘쳐났습니다. 하지만 2024년 이후 일본 대기업들의 영업이익 상승, 닛케이 지수 사상 최고치라는 뉴스가 국내에까지 들려오면서, 비로소 다시 일본이 앞서나가는 것을 부정할 수 없다는 느낌을 받았습니다. "우리가 토끼를 따라잡았다"라고 안심한 순간, 원래 빨랐던 토끼(일본)는 숨을 고른 이후 전력 질주하는 느낌이랄까요? 한국은 한강의 기적을 통해 최빈국의 지위에서 선진국으로 오른 대단한 나라지만, 인건비 상승, 공장 자동화로 인한 투자 유출, 정치적 양극화로 인한 딜레마 등 장기 전략 부재가 조금씩 발목을 잡는 듯합니다. 반면 일본은 여전히 견고한 경제 규모를 자랑하며, 산업 독점 방지법이나 다양한 산업 구조를 바탕으로 안정된 투자 환경을 제공하고 있습니다. 지방의 다소 균등한 발전도 매력적이라 할 수 있습니다.

그럼, 일본은 왜 글로벌 투자자들에게 매력적일까요?

첫째, 세계 4위 경제 대국이라는 자본 시장의 규모, 낮은 금리와 안정적 규제 환경 등이 조합되어 대규모 자본을 끌어들이기 좋기 때문입니다. 한국은 혁신적 성과를 이루며 성장했지만, 정권 변동, 분단 상태, 재벌 오너 리스크 등 예측 불가능한 요소들이 투자가들에게 부담으로 작용하고 있습니다.

둘째, 일본은 장기 저금리, 세제 혜택을 활용해 외국 기업 진출 장벽을 낮추고 있습니다. 반면 한국은 여러 규제나 높은 법인세, 자금 조달 어려움 때문에 창업 및 투자 환경이 까다롭다는 평가를 받기도 합니다.

셋째, 인력 측면에서 일본은 노동력 부족 문제에 직면하자 외국인 고용 비자 규제를 완화하는 등 유연하게 대응하며 다양한 인재 유치를 시도하고 있습니다. 경력이 없어도 일본에서 일할 수 있도록 문을 열어주는 시스템 덕분에 글로벌 기업들이 인력 확보 면에서 일본을 선호하는 겁니다. 한국은 외국인 인재가 들어오기 위한 조건이 까다롭고 임금 구조 부담도 크기 때문에 유연성이 떨어진다는 지적이 있습니다.

넷째, 일본은 역사적으로 근대화를 거치며 얻은 국제적 위상과 상징성을 바탕으로, 아시아 시장 진출의 '첫 관문'으로서 매력적이었습니다. 외국에 대한 개방성도 높았습니다. 다양한 형태의 기업 진출이 가능하고, 경쟁 및 상생의 여지가 남아있는 시장이라는 평가가 많았습니다.

그럼, 한국은 어떻게 해야 할까요? 너무 늦은 걸까요?

전 아직 늦지 않았다고 생각합니다. 우리에겐 저력이 있습니다. 어쩌면, 한국의 기업들에게는 위기를 극복할 절호의 기회가 될 수 있습니다. 단기 성과에만 집착하지 않고, 장기적 관점의 투자(혹은 투자 유치)와 R&D를 통해 기술 개선 등의 변화를 모색한다면, 한국도 분명히 위기를 극복하고 성장의 기회가 있습니다.

한때 '잃어버린 30년'이라 불린 일본이 다시 살아나고 있듯이, 우리도 그들이 밟아왔던 것 중에 좋은 것만 선택, 흡수해서 방향 전환 및 개선한다면, 이 불확실한 시대에서 분명 살아남을 수 있습니다. 환경에 맞춰 유연하게 인재를 채용하고, 누구라도 좋은 아이디어가 있다면 말할 수 있도록 조직 문화를 혁신하며, 외부 전문가에게 손을 내밀어 도움을 받는 것도 현명한 선택이 될 수 있습니다. 다소 낯설고 두려울 수도 있지만, 장기적 안목으로 글로벌 흐름을 포착하고, 거기에 맞춰 준비한다면, 지정학적 위기와 불황을 이겨낼 수 있다고 생각합니다.

끊임없는 개선과 도전, 그리고 열린 마음으로 이 책의 제목처럼 '좋은 것은 흡수하라'라는 전략은 우리에게 다시 한번 영광의 순간을 안겨줄 것입니다. 이 책을 통해 일본 기업의 위기 돌파의 지혜를 배우고, 그들의 생존전략을 '뛰어넘는 전략'으로 활용한다면, 세계 무대에서 당당히 경쟁하며 성장해 나가는 한국이 될 수 있다고 생각합니다.

상생하는 대한민국, 겸허하게 배우고 흡수하는 우리의 힘이 다시 필요할 때입니다.

이겨냅시다!

"모든 혁신은 사람에게서 나온다."

경제 불황과 위기를 넘어 지속 가능한 생존 전략

좋은 것은 흡수하라

초판 1쇄 인쇄 | 2025년 8월 19일
초판 1쇄 발행 | 2025년 8월 29일

지은이	김지유
펴낸이	전준석
펴낸곳	시크릿하우스
주소	서울시 마포구 월드컵북로 400 서울경제진흥원 5층 23호
대표전화	02-3153-1355
팩스	02-3153-1356
이메일	secret@jstone.biz
블로그	blog.naver.com/jstone2018
페이스북	@secrethouse2018
인스타그램	@secrethouse_book
출판등록	2018년 10월 1일 제2019-000001호

ⓒ 김지유, 2025

ISBN 979-11-94522-22-5 03320

- 이 책은 저작권법에 따라 보호받는 저작물이므로 무단전재와 무단복제를 금지하며, 이 책의 전부 또는 일부를 이용하려면 반드시 저작권자와 시크릿하우스의 서면 동의를 받아야 합니다.
- 값은 뒤표지에 있습니다. 잘못된 책은 구입처에서 바꿔드립니다.